예수님이 살았던 세상

IVP(InterVarsity Press)는
캠퍼스와 세상 속의 하나님 나라 운동을 지향하는
IVF(InterVarsity Christian Fellowship)의 출판부로
생각하는 그리스도인을 위한 문서 운동을 실천합니다.

THE WORLD JESUS KNEW: A Curious Kid's Guide to Life in the First Century
by Marc Olson, illustrated by Jemima Maybank
Copyright 2017 by Sparkhouse Family
All rights reserved.
First published by Beaming Books, an imprint of 1517 Media

This Korean edition was published by Korea InterVarsity Press in 2024
by arrangement with Publishing House of the Evangelical Lutheran Church in America, Inc.
c/o Kaplan/DeFiore Rights
through KCC(Korea Copyright Center Inc.), Seoul.

이 한국어판의 저작권은 KCC를 통하여
Publishing House of the Evangelical Lutheran Church in America, Inc.와 독점 계약한 IVP에 있습니다.
신 저작권법에 의하여 한국 내에서 보호받는 저작물이므로
무단 전재와 복제를 금합니다.

한눈에 살펴보는 성경 속 일상 백과

예수님이 살았던 세상

마크 올슨 글 · 제마이마 메이뱅크 그림
김선용 옮김

THE WORLD JESUS KNEW

Ivp

호기심 많고 진지하고 창의적이고 친절한 아들들
시구르와 데인에게,
그리고 탐험하고 사랑할 수 있는 세상을 주신
인내심 많은 나의 부모님에게 이 책을 바칩니다.

일러두기
본문 중 ★ 모양이 붙은 단어에 대해서는 60-61쪽에 옮긴이의 설명이 있습니다.

차례

성경 약어표 ···· 9

서론	10
사회 구조	12
여기서 자라는 식물은?	14
유대 민족	16
로마의 통치 체계	18
로마 군대	20
범죄와 처벌	22
이동하기	24
주거 생활	26
의복	28
노동 생활	30
갈릴리 호수의 어업	32
포도원	34
농업	36
올리브와 놀라운 올리브기름	38
여성의 삶	40
유대인의 달력	42
산헤드린 공회	44
예루살렘 성전	46
예수님이 알았던 성경	48
십자가 처형	50
죽음과 매장	52
질병과 의료	54
주술과 기적	56
예수님의 말씀과 예수님이 살았던 세계	58

옮긴이 설명 ···· 60

성경 약어표

이 책에는 성경 구절이 약어로 표시되어 있습니다. 다음의 약어를 알아 두면 성경을 찾아보는 데 도움이 될 것입니다.

구약성경

창	……………	창세기
출	……………	출애굽기
레	……………	레위기
민	……………	민수기
신	……………	신명기
수	……………	여호수아
삿	……………	사사기
룻	……………	룻기
삼상	…………	사무엘상
삼하	…………	사무엘하
왕상	…………	열왕기상
왕하	…………	열왕기하
대상	…………	역대상
대하	…………	역대하
스	……………	에스라
느	……………	느헤미야
에	……………	에스더
욥	……………	욥기
시	……………	시편
잠	……………	잠언
전	……………	전도서
아	……………	아가
사	……………	이사야
렘	……………	예레미야
애	……………	예레미야애가
겔	……………	에스겔
단	……………	다니엘
호	……………	호세아
욜	……………	요엘
암	……………	아모스
옵	……………	오바댜
욘	……………	요나
미	……………	미가
나	……………	나훔
합	……………	하박국
습	……………	스바냐
학	……………	학개
슥	……………	스가랴
말	……………	말라기

신약성경

마	……………	마태복음
막	……………	마가복음
눅	……………	누가복음
요	……………	요한복음
행	……………	사도행전
롬	……………	로마서
고전	…………	고린도전서
고후	…………	고린도후서
갈	……………	갈라디아서
엡	……………	에베소서
빌	……………	빌립보서
골	……………	골로새서
살전	…………	데살로니가전서
살후	…………	데살로니가후서
딤전	…………	디모데전서
딤후	…………	디모데후서
딛	……………	디도서
몬	……………	빌레몬서
히	……………	히브리서
약	……………	야고보서
벧전	…………	베드로전서
벧후	…………	베드로후서
요일	…………	요한1서
요이	…………	요한2서
요삼	…………	요한3서
유	……………	유다서
계	……………	요한계시록

서론

이 책은 말하자면 예수님에 관한 책입니다. 예수님이 살았던 고대 세계를 탐구하며, 예수님에 대해 더 많은 것을 배우기 위한 책이지요. 예수님의 삶에 대해서는 거의 성경을 통해서만 알 수 있으니까, 이 책은 성경에 대한 책이기도 합니다. 특히 신약성경에 대해서요.

이 책은 호기심에서 출발했습니다. 하나님 나라와 하나님이 세상에서 일하시는 방식에 대해 사람들에게 가르칠 때, 예수님은 생활에서 쉽게 볼 수 있는 것들을 사용하셨습니다. 식물, 사람, 땅, 정치, 음식 등을요. 여러분이 집 앞의 마당에 자라는 꽃 색깔이나 가장 좋아하는 음식의 냄새를 잘 아는 것처럼, 예수님의 말씀을 듣는 사람들은 그 식물, 땅, 음식 같은 것을 잘 알았습니다.

하지만 지금 우리가 사는 세상은 예수님이 살았던 세상과 시간적으로도 공간적으로도 아주 멀리 떨어져 있어요. 그래서 예수님이 하신 말씀을 알기 어려울 때가 있습니다. 겨자씨의 크기나 소금의 짠맛에 대한 말씀은 무슨 의미였을까요? 왜 예수님은 하나님과 함께하는 삶에 대해 사람들에게 말씀하실 때 이런 것들을 사용하셨을까요?

이 책은 바로 이런 궁금증을 품어 본 적 있는 여러분을 위한 책입니다. 수백 년 동안 역사학, 고고학, 사회학의 도움으로 얻게 된 풍성하고 다양한 정보 덕분에 우리는 이런 질문들에 대한 답을 탐구할 수 있게 되었고, 예수님에게는 너무나 익숙했던 장소와 사물과 사람들에 대해 이해할 수 있게 되었습니다.

우리가 탐험할 장소

우리는 세계의 한 특정한 장소에 초점을 맞출 것입니다. 나사렛의 예수님은 이 장소에서 약 30년의 생애를 보내셨습니다. 유대인 왕들이 다스리고 로마 제국이 지배한 곳에서요.

이곳은 수백 년에 걸쳐 가나안, 팔레스타인, 유대, 이스라엘 등 여러 이름으로 불렸습니다. 예수님이 살았고 걸어 다니고 사역했던 곳이어서 기독교인들이 성지(The Holy Land)라고 부르기도 합니다. 요단강과 지중해 사이에 있는, 매우 폭이 좁고 기다란 구역이지요. 이 지역은 온전히 아프리카나 유럽이나 아시아에 속하지 않기 때문에 보통 '중동'(Middle East)*으로 알려져 있습니다. 사람이 이 지역에 살게 된 지는 만 년도 넘었습니다. 중동은 자주 혼란 상태에 빠지는데요. 기독교인과 유대인과 이슬람교인 모두에게 종교적으로나 역사적으로 중요한 곳이기 때문입니다.

이 책에서는 이 지역을 팔레스타인이라고 부릅니다. 팔레스타인은 역사적으로 이집트와 시리아와 아라비아 사이에 있는 지역에 붙여진 이름이었습니다. 오늘날 팔레스타인이라는 명칭은 현대 이스라엘 국가와는 별개로, 이 지역을 소유하고 살아가는 아랍인의 영역을 가리킬 때 자주 사용합니다.

우리가 탐험할 시대

예수님은 2천 년도 더 전에 살았던 분입니다. 굉장히 오래전이죠! 예수님이 알았던 세상은 어떤 면에서는 우리가 알고 있는 세상과 무척 달랐습니다. 하지만 여러 면에서 동일한 곳이기도 했습니다. 사람들은 일하고, 걷고, 자고, 먹었습니다. 그들도 친구가 있었고, 파티를 열고, 이야기를 하고, 병에 걸리고, 물건을 만들고, 쓰레기 처리 방법도 고안했지요. 돈을 쓰고, 옷을 입고, 놀이를 즐기고, 학교에 가기도 했습니다.

주전*2500년

주전 7년-주후*6년

예수님이 살았던 때보다 훨씬 옛날입니다. 이집트 나일강 옆에 있는 기자(Giza)의 대피라미드는 예수님이 태어난 시기보다 약 2천 년 전에 이미 존재했습니다! 유대인인 예수님은 유대인 선조들에 대한 천 년 전의 이야기들을 알고 있었습니다. 한편, 중국의 량주 문화권에 살았던 사람들은 2,500년 넘게 실크로 옷과 천을 만들었답니다.

예수님이 태어나셨습니다.

이 책을 함께 쓰면서 우리는 여러 정보를 찾아다녔습니다. 그리고 여기에 고대 세계에 관한 정보들을 담았는데, 사실 많지는 않아요. 이 책의 구성은 다음과 같습니다.

우리가 아는 것
예수님이 살았던 세계에 대한 사실은 기록으로 일부 남아 있습니다. 오랫동안 보존되어 지금까지 남아 있는 문서 자료입니다. 성경의 일부도 포함해서요.

우리가 알고 있다고 생각하는 것
이러한 역사적 사실들과 고대의 증언을 바탕으로, 우리는 납득할 수 있고 합리적인 추정과 예상을 합니다.

우리가 모른다고 생각하는 것
엄청나게 많아요.

우리가 모른다는 것도 모르는 것
아마 더 많을 거예요. 예수님 시대에 대한 지식은 언제나 불완전합니다. 하지만 우리는 예수님의 삶에 대해 공부하고 상상할 수 있어요. 그러면 우리 자신의 삶에 대해서도 많은 것을 알게 될 것입니다.

하지만 잊지 말아야 할 것
이 책은 아마도 여러분이 성경과 성경 속 이야기들을 읽고, 이해하고, 심지어 느끼는 방식을 달라지게 해 줄 것입니다. 돋보기가 뒷마당이나 도시공원의 한 구역을 놀랍고 멋진 신세계로 바꿀 수 있는 것처럼, 이 책이 제시하는 고대 세상을 바라보는 창문, 렌즈, 관점은 여러분이 아주아주 오래전에 기록된 책인 성경을 새롭고 흥미진진하게 볼 수 있게 도와줄 거예요. 그렇게 자세히 바라보면, 여러분이 사는 세상에서 예수님을 따르는 사람이 되는 방법이 무엇인지 더 깊이 생각하게 될 것입니다. 준비되었나요?

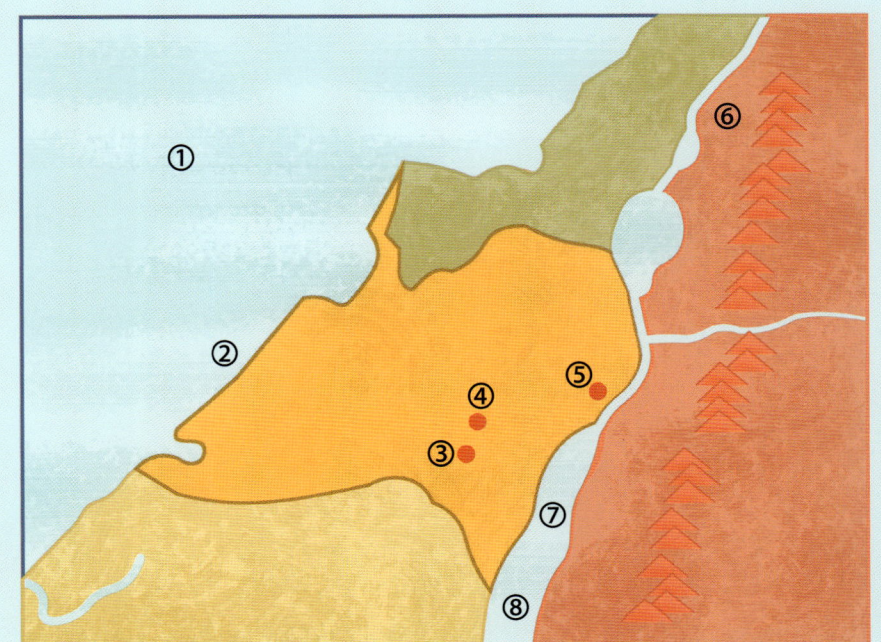

① 지중해는 육지 가운데 있는 바다 중 가장 면적이 큽니다. 대서양과 연결되어 있어요. **지중해**란 '땅의 가운데'라는 뜻입니다.

② 지중해 연안의 길이는 약 290킬로미터입니다.

③ 베들레헴은 뉴욕에서 약 9,166킬로미터 떨어져 있습니다.

④ 예루살렘은 미국의 샌디에이고와 거의 같은 위도에 있습니다. 해발 754미터 정도 됩니다.

⑤ 여리고는 해수면보다 약 304미터 아래 있습니다. 여리고에서 예루살렘까지 여행한다면 약 1킬로미터를 등반하는 셈이죠!

⑥ 요단강은 세계에서 가장 낮은 고도에 있는 강입니다. 길이는 약 241킬로미터입니다.

⑦ 사해의 표면은 지구에서 가장 낮아요. (해수면보다 423미터 낮습니다.)

⑧ 사해는 성경에서 소금 바다, 아라바해, 동쪽 바다로 불립니다 (결코 사해라고는 불리지 않습니다). 사해는 사실 호수인데, 바닷물보다 8.6배나 짭니다.

			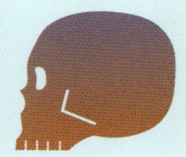		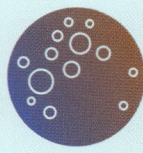
주후 476년	1163년	1215년	1601년	1861년	1969년
로마가 멸망했습니다.	노트르담 대성당이 건축되었습니다.	마그나카르타*가 작성되었습니다.	셰익스피어가 『햄릿』을 썼습니다.	미국의 내전(남북전쟁)이 시작되었습니다.	닐 암스트롱이 달 표면을 걸었습니다.

사회 구조

모든 사회에는 구조가 있습니다. 구조란 사회가 작동하는 방식을 규정한 암묵적인 규율을 가리킵니다. 예를 들어, 누가 책임지는 사람인지, 누가 무엇을 누구에게서 얻어야 하는지, 어떻게 모두가 납득하는 방식으로 함께 살아갈 수 있는지 등이요. 예수님이 살았던 시대에는 이런 문제에 대한 답이 아주 분명했습니다. 특정한 사람들만 아주 많은 것을 가질 수 있었고, 그 밖의 모든 사람은 이들이 많은 것을 가질 수 있도록 도와야 했죠.

1세기 팔레스타인 지역은 권력과 부의 불평등이 심한 곳이었습니다. 피라미드 모양의 사회 구조를 상상해 보세요. 아주 소수의 사람이 피라미드의 꼭대기를 차지한 채, 아래에 있는 많은 사람들이 노력하여 얻은 산물의 혜택을 누렸습니다.

· · · · · · · · · · · · · · · ·

부와 권력은 피라미드의 밑에서 위로 이동했습니다. 피라미드에서 높은 곳일수록 더 많은 부와 권력을 누렸습니다. 피라미드의 중간쯤에 있는 사람들은 좀 더 높은 곳으로 올라가 더 얻기 위해, 누가 더 중요한지를 두고 서로 옥신각신했습니다.

예수님이 살았던 시대에 대부분의 사람은 아주 가난했고 작은 권력조차 가지지 못했습니다(이들을 소농과 노예라고 부르겠습니다). 하지만 아주 소수의 사람들은 무척 부유했고 나머지 사람들에게 영향을 줄 수 있는 결정을 내릴 권력이 있었습니다(이들을 상류층이라고 부르겠습니다). 소농과 노예는 농사를 짓거나 물고기를 잡거나 가축을 기르는 등 열심히 일했습니다. 땅과 호수를 소유하고 감독하던 상류층은 일을 하지 않았지만, 소농에게 세금, 임대료, 공물을 거두어서 돈을 벌었습니다. 상류층과 소농과 노예 사이에는 세금을 거두는 세금징수원과, 돌을 깎고 천을 짜고 도자기를 만드는 등의 전문 기술을 소유한 장인 계층도 있었습니다.

· · · · · · · · · · · · · · · ·

이러한 사회 구조는 어디에나 있었습니다. 가이사랴나 디베랴 같은 도시는 로마 황제에게서 호의를 얻으려는 지역 지도자들이 세웠기 때문에 황제의 이름이 붙었습니다. 주변 지방의 노동력과 부는 (불공평할 정도로) 도시의 건립과 유지를 위해, 그리고 도시에 사는 상류층에게 필요한 (그리고 그들이 원하는) 모든 것을 공급하기 위해서 착취당했습니다.

시골 지역은 대개 도시에 사는 사람들이 소유한 큰 토지들로 나누어 있었습니다. 소농과 노예가 이곳을 관리했습니다.

로마 황제
로마 황제(항상 남자였습니다)는 모든 권력을 쥐고 있었고, 자신에게 이득이 될 때만 이 권력을 공유하거나 남에게 넘겨주었습니다.

지배자들
헤롯 대왕, 헤롯 안디바, 헤롯 빌립, 빌라도

상류층
군인, 제사장, 지주, 세리(세금징수원)

예수님은 사역하시면서 대개 이 두 계층의 사람들과 만나고 갈등을 빚으셨습니다.

소농*
장인, 농부, 어부, 목자, 노동자

노예
집안에 소속된 노예, 일용직 노동자

이 계층에
속한 가문들은
상호 협력 관계를
맺고 서로 거래했습니다.

이 계층에 속한
가문들은 지배자 계층과
친교를 맺고 그들의 눈에 띄기 위해
경쟁했습니다. 대부분의 토지, 어업권,
곡물 판매 경로는 이들이 장악하고 있었습니다.
이들은 소농의 노동으로부터 부를 축적했습니다.

노동과 생산물에서 나오는 부

충성, 조공

이 계층의 사람들은 자기들이 대단히
나쁜 대우를 받고 있다는 사실을 알았습니다.
다른 사람 소유의 땅에서 일했고, 자신들이 수확한 작물이나
기르는 가축의 대부분을 가질 수 없었으며,
무엇보다도 지대*를 내야만 했습니다.
그들은 부과된 세금을 납부하면서도,
이 시스템을 교묘하게 피할 편법을 찾으려고 했습니다.

예수님은 이 계층 출신입니다. 추측하기로는 예수님 시대에
팔레스타인 인구 중 85-90퍼센트가 소농 계층이었고,
이들은 곡식과 과일과 생선과 고기와 양털을
생산하는 일은 물론이고 농업, 어업, 목축업을 했습니다.

노예와 일용직 노동자들은 큰 빚을
지고 있었기 때문에 급여를 받지 않고
다른 사람을 위해 일했습니다.
이들은 재산이 거의 없었습니다.

데나리우스
(은화)

아우레우스
(금화)

세스테르티우스
(동전)

거래와 교환에 사용되는 매체

포도주를 만드는 포도

올리브기름

밀

이러한 사회 체계에서는 더 높은 계층으로 절대 올라갈 수 없었고, 더 낮은 계층으로 떨어지거나 계층 안에서 수평 이동만 할 수 있었습니다.

여기서 자라는 식물은?

팔레스타인 땅은 메마른 사막을 포함한 북아프리카와 좀 더 습기가 있지만 열대 지역은 아닌 동부 지중해 사이에 있기 때문에, 온갖 종류의 식물과 나무가 자라기에 좋은 기후입니다. 겨울은 습하고 온화한 날씨로 기온이 영하로 떨어지는 경우가 많지 않습니다. 여름은 덥고 건조한데, 특히 고도가 낮은 사막이 그렇습니다.

1년 내내 흐르는 강은 많지 않습니다. 요단강은 갈릴리 호수와 여름에 물이 많이 녹는 봄과 여름에 물이 많아져 헤르몬산의 눈이 녹는 봄과 여름에는 몇 년간 아예 비가 오지 않기도 합니다. 강우량은 동쪽과 남쪽으로 갈수록 줄어듭니다. 남부 네게브 사막에는 몇 년간 아예 비가 오지 않기도 합니다!

고도와 지형이 매우 다양하기 때문에 어떤 식물이라도 여기서 자랄 수 있습니다.

석류
석류(Pomegranate)라는 이름은 '씨가 많은 사과'를 뜻하는 고대어에서 유래했어요. 성경에서 사과라는 단어가 나오면 석류를 가리킨다고 보아도 됩니다.

음식
신명기에서 하나님은 이스라엘 백성이 (약속된) 땅에 들어가 살면 보게 될 것들을 말씀하십니다. 신명기 8:8에 있는 이 목록에는 밀, 보리, 무화과, 포도, 올리브, 석류, 꿀 등이 나옵니다. 이것들은 수천 년 동안 이 지역에서 사용된 중요한 식재료였습니다.

꽃
10-11월에 첫 겨울비가 내린 뒤 얼마 지나지 않아 땅은 녹색과 꽃봉오리들로 뒤덮입니다. 다음 장기(건조한 시기)가 오기 전까지지요.

분홍색, 하얀색 시클라멘과 빨간색, 하얀색 아네모네는 12월부터 3월까지 핍니다. 그다음에는 파란색 루피너스와 노란색 황색종 금잔화가 피어요.

가자풀
가자씨
시클라멘
루피너스
백합
아네모네
금잔화
아마
무화과
무화과나무

유대 민족

하나님이 택하신 백성

예수님은 유대인이었습니다. 유대 민족의 전통과 규율을 따르며 성장했지요. 그러니 우리가 예수님에 대해 알고 싶다면, 유대인의 삶과 문화라는 이 아주 중요한 부분을 알아야 합니다. 유대인이 된다는 것은 단지 한 종교 단체에 속하는 것 이상이었습니다.

성전의 민족

예수님이 태어나시기 천 년 전쯤에 솔로몬왕이 예루살렘 성전을 세웠습니다. 이 성전은 주전 587년에 파괴되었다가 주전 515년에 부분적으로 재건되었어요. 예수님 시대에도 성전이 재건되고 확장되고 있었습니다. 유대인들은 예루살렘 성전에서 하나님께 제물을 드렸어요. 성전은 종교 생활의 중심이었습니다. 성전 제사장들이 희생 제사를 드렸고, 강력한 권한을 가진 대제사장이 모든 절차를 감독했어요. 성전에 바치는 제물과 십일조 말고도 모든 유대인은 매년 성전세를 냈습니다. 성전은 순례자들의 목적지였어요. 12세가 넘은 모든 유대인 남자는 유월절, 오순절, 초막절 절기를 지키기 위해 1년에 세 번 예루살렘에 가야 했습니다. 이때 온 가족이 함께 가는 일도 흔했어요.

책의 민족

성전보다 더 중요했던 것은 아마 토라 즉 히브리 경전이었을 것입니다. 히브리 경전에는 유대 백성의 역사와, 세상에 복을 주기 위해 유대 백성을 택하신 하나님에 관한 이야기가 들어 있어요. 토라는 또한 하나님이 원하시는 하나님 백성의 삶의 방식을 설명하는 모든 가르침과 규칙을 담고 있어요. 토라를 연구하고 가르치는 일은 예수님 시대에 (그리고 지금까지도) 유대인의 삶의 커다란 부분을 차지했습니다. 토라 교육은 대개 회당이나, 여러 도시와 고을에 있는 모임 장소들에서 이루어졌습니다. 토라 교사는 랍비라고 불렸어요. **회당**(synagogue)은 사람들의 모임을 가리키는 말이면서 예배, 토라 공부, 교육, 공동체 생활을 위한 모임 장소를 가리키기도 합니다.

사이좋게만 지내지는 않은 민족

같은 경전, 같은 관습, 같은 민족 역사를 공유했지만, 예수님 시대의 모든 유대인이 생각이나 예배나 행동에서 동일하지는 않았습니다. 서로 다른 무리는 각자 견해가 달랐고 바라는 바도 달랐습니다. 그리고 서로 늘 사이좋게만 지내지는 않았어요. 몇 개의 무리가 있었습니다.

사두개파
- 예루살렘 상류층 가문의 일원
- 제사장이나 재판관으로 일함
- 토라의 율법, 특히 예루살렘 성전에서 드리는 예배와 관련된 율법에 순종
- 천사나 귀신의 존재, 죽은 사람의 부활을 믿지 않음

바리새파
- 제사장이나 제사장 가문 출신이 아님
- 율법 학자와 랍비들
- 경전을 가르치고 해석하며, 경전에 대해 토론함
- 토라의 율법에 따라 신중하고 경건하며 거룩하게 산다고 알려짐

에세네파
- 엄격한 종교적 정결 율법을 지킴
- 성전 지도자들과 성전 예배를 비판
- 다른 공동체들과 떨어져서 생활

열심당
- 로마의 지배에서 유대인을 해방하려는 정치적 운동
- 사회의 다양한 계층 출신
- 목표를 이루기 위해서는 폭력도 기꺼이 사용

보통 사람들

예수님 시대의 유대인 대다수는 이 중 어디에도 속하지 않고 평범한 삶을 살았습니다. 열심히 일하고, 계명을 지키려고 노력하고, 유대 신앙의 관습에 순종하며, 결혼하여 자녀를 낳고 살다가 죽었습니다.

구약에서 이스라엘인 또는 히브리인이라고 불렸던 유대 민족은 고대부터 지금까지 하나님께서 자신들을 따로 구별하셨다고 믿는 민족입니다. 이 민족의 뿌리를 찾다 보면 구약성경(히브리어 성경이라고도 알려져 있어요)에 나오는 옛 조상들로 거슬러 올라갑니다. 아브라함과 사라, 요셉, 노아, 룻, 에스더, 다윗 외에도 많은 사람들이 있죠. 현대의 유대인들은 이러한 민족의 일원으로서, 하나님이 오래전에 주신 약속과 언약이 **자신들과 자기 자손들**에게도 주어졌다고 믿고 있어요.

안식했던 민족

7일로 구성된 유대인의 일주일은 오늘날의 일요일에 시작해서, '안식일'을 의미하는 이름인 샤바트로 불리는 일곱 번째 날을 크게 경축하며 끝납니다. **샤바트**라는 단어는 '멈추다, 끝내다' 또는 '쉬다'라는 뜻을 지닌 히브리어에서 왔습니다. 고대 이스라엘에서 안식일은 일주일 중에 유일하게 이름이 있는 날이었고, 다른 날은 그저 숫자로* 불렸습니다. 안식일은 선물이자 계명이었습니다(출 31:15-17을 보세요).

유대 민족에게 안식일은 매주 행해지는 의례였고 종교적 정체성을 이루는 가장 중요한 부분이었습니다. 지금도 그렇고요. 그들은 노동을 삼가고, 가족과 함께 경축하면서 안식일 계명을 지켰습니다. 예수님 시대의 유대인이 안식일에 하면 안 되는 행동들이 무엇이었는지 완전히 알 수는 없습니다(예수님과 바리새인들과 사두개인들이 이 문제를 두고 논쟁했지요). 그보다 더 나중에는 안식일에 하지 말아야 할 39개의 행동을 정리했는데, 다음과 같은 것들이 포함되었어요.

- 씨 뿌리기(심기)
- 쟁기질
- 농작물 수확
- 곡물 다발 묶기
- 곡물 빻기
- 반죽 만들기
- 빵 굽기나 요리
- 옷 세탁
- 바느질이나 천 짜기
- 건물 짓기
- 건물 허물기
- 두 글자 이상 쓰기
- 불 피우기
- 불 끄기
- 도축
- 매듭짓기

생명을 구하기 위해서는 안식일이라도 이 행동들 중 어떤 것도 **할 수 있다**는 의견의 일치가 있었습니다. 예수님은 안식일에 사람을 치유하고 곡식을 먹기 위해 따는 행동을 두고 일부 종교 지도자들과 마찰을 일으켰어요.

열심히 일하는 그리스인과 로마인은 일주일마다 하루를 축제일로 보내며 일하지 않는 유대인을 게으르다고 생각했어요. 고대 세계에서 휴식과 여가는 보통 아주 부자들만 누릴 수 있는 특권이었거든요.

창세기 1장에 기록된 7일 그대로, 유대인의 하루는 해가 저물 때 시작해서 해가 저물 때 끝났어요. 안식일은 예수님의 죽음과 부활 사이에 있었어요. 안식일에 일하게 되는 것을 피하기 위해, 예수님의 유대인 친구들은 해가 저물어 안식일이 되기 전에 예수님을 매장할 수 있도록 예수님의 시신을 달라고 요청했습니다. 그리고 여자들은 예수님의 시신에 향유를 바르기 위해 무덤으로 가기 전, 안식일 다음 날 새벽까지 기다렸습니다. 예수님이 죽은 자 가운데서 일으켜지셨다는 것을 여자들이 알게 된 날이 일주일의 첫날이었기 때문에, 그리스도인은 이 첫날(오늘날의 일요일)을 '안식일'이라고 부릅니다.

메시아를 바라는 민족

예수님 시대에는 로마 제국이 유대인의 땅을 다스렸습니다. 그래서 거리마다 외국 군인들이 있었고 유대인과는 다른 법률과 관습을 곳곳에서 볼 수 있었습니다. 유대인은 로마 제국에 세금을 바쳐야 했고, 심지어 황제를 위해 제사를 드려야 했습니다. 이러한 상황은 아주 짧은 시기를 제외하고 수백 년이나 계속되었어요. 많은 유대인들은 자신들을 구해 주고 모든 것을 다시 바로잡을 강력한 유대인 왕이 나타나기를 기다리고 바랐습니다. 예수님을 따르던 사람들은 예수님이 메시아라고 믿었어요. **메시아**는 '기름부음 받은 분' 또는 '선택받은 분'이라는 뜻입니다.

로마의 통치 체계

예수님이 살았던 시대에 로마 제국은 오늘날 프랑스에 해당하는 북부 연안부터 남쪽으로는 이집트, 동쪽으로는 아르메니아까지 뻗어 있었습니다. 이렇게 엄청나게 크고 넓은 제국을 다스리기 위해서, 로마의 통치자들은 각 지역의 왕들에게 질서 유지와 통제를 맡겼고, 지역의 물품과 돈을 로마로 계속 보내게 했습니다.

헤롯 대왕이 바로 팔레스타인 지역의 그런 왕이었습니다. 그는 황제에게 잘 보이는 **동시에** 유대, 사마리아, 갈릴리 지역 주민에게도 어느 정도 인기를 유지해서 그들이 폭동을 일으키지 않도록 열심히 노력했습니다. 헤롯은 약삭빠르게 일을 처리했고 건축 사업도 잘했습니다. 예루살렘 성전을 수리해서 웅장한 구조물로 만들었고, 유대인들이 로마의 통치를 받아들이며 살도록 하면서 제국에서 자신의 지위를 높였습니다.

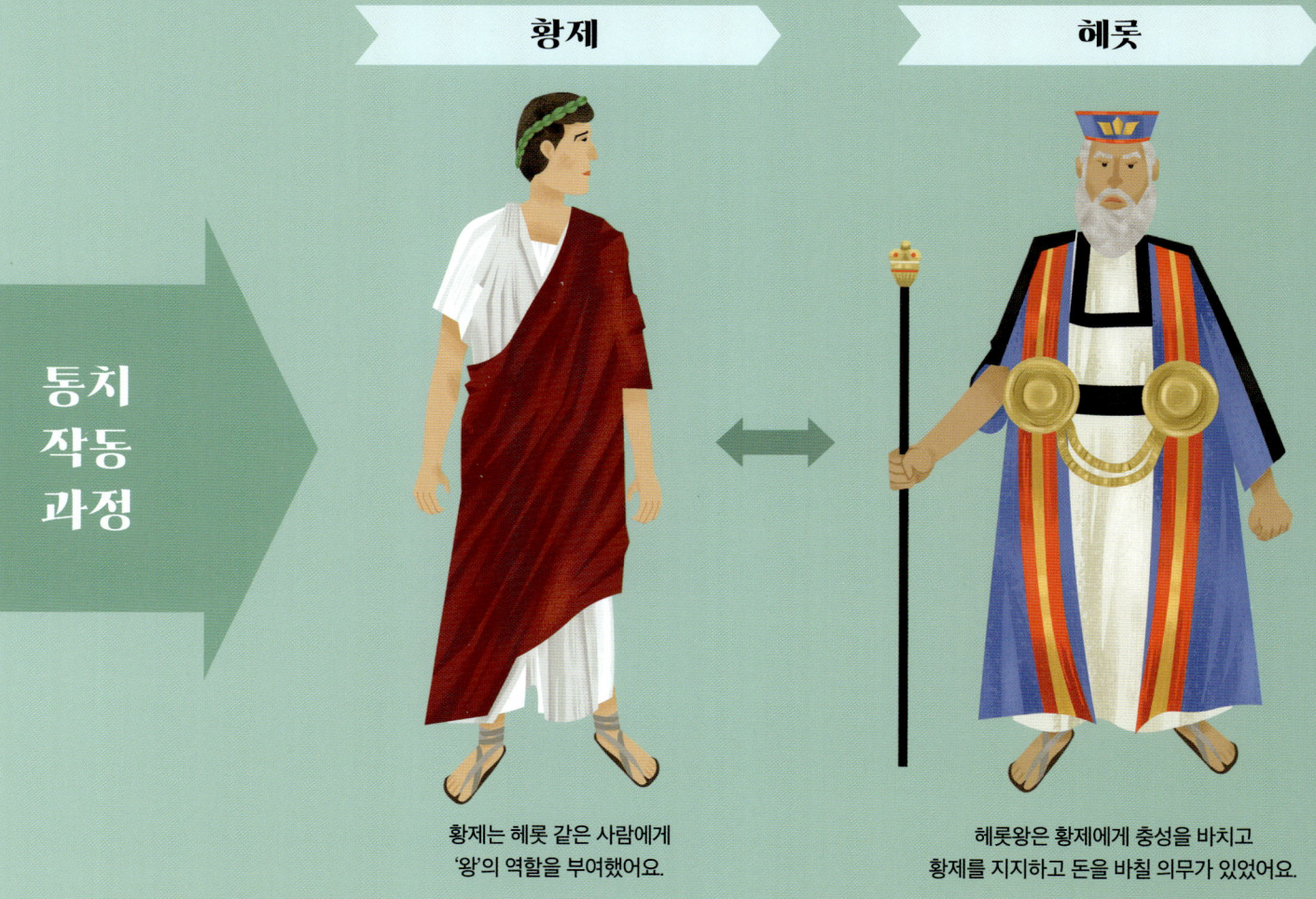

황제는 헤롯 같은 사람에게 '왕'의 역할을 부여했어요.

헤롯왕은 황제에게 충성을 바치고 황제를 지지하고 돈을 바칠 의무가 있었어요.

헤롯과 헤롯, 또 헤롯? (같은 이름을 가진 여러 왕)

성경에는 헤롯이라는 이름이 여러 번 나와서 헷갈리기 쉬워요. 그 이름은 모두 한 사람을 가리킬까요? 어떻게 이해해야 할까요? **헤롯**이라는 이름은 가문의 성★ 같은 것입니다. 주전 37년에 로마 황제 옥타비아누스 아우구스투스는 헤롯 대왕에게 유대 지역 전체를 다스리는 왕권을 주었습니다. 헤롯 대왕은 팔레스타인 지역과 주변 영토에서 막강한 권력을 행사했습니다. 하지만 그는 봉신왕, 즉 황제에게 지위를 수여받아 황제가 바라는 일을 하는 왕이었습니다.

헤롯 대왕은 주전 4년에 죽기 전까지 자신의 영토를 다스렸습니다. 헤롯 대왕이 죽은 뒤 그가 다스리던 왕국은 분열되었고, 헤롯의 세 아들이 영토를 나누어 다스렸습니다. 헤롯 안디바는 갈릴리와 베뢰아 지역을 다스렸습니다. 헤롯 빌립은 북쪽 영토인 이두래, 가우라닛, 드라고닛, 바타네아, 아우라닛 지방을 다스렸습니다. 헤롯 아켈라오는 유대, 사마리아, 이두매 지역을 맡았으나, 그는 아주 부패한 왕이었기에 몇 년 지나지 않아 쫓겨났습니다. 이 세 명의 헤롯이 공동으로 (헤롯 대왕의) 영토를 다스렸어요.

예수님이 사역을 시작하셨을 때 팔레스타인은 거의 100년 동안 정치적으로나 경제적으로 로마 제국의 일부였습니다. 예수님과 제자들, 그리고 예수님을 따라다닌 많은 사람들은 매일매일 로마 제국의 통치 아래 살아야 하는 삶의 현실을 경험했어요. 세금과 통행세를 내야 했고, 로마 군인들에게 길을 양보해야 했어요. 또한 그들이 한 번도 만나지 못할, 토가로 몸을 휘감은 먼 곳의 귀족들을 기리기 위해 생겨나는 크고 이국적인 도시들을 보았습니다.

세례 요한 같은 선지자들과 예수님은 많은 추종자를 거느릴 만큼 인기가 있었기 때문에, 로마의 통치자들이 세운 권력 구조에 위협이 되었습니다.

후견인

헤롯은 자신이 다스리는 데 도움이 될 힘 있는 가문들을 택했습니다. 그 대신 그들은 헤롯에게 충성과 지지와 돈을 바쳤어요. 이러한 관계를 후견인-피후견인 관계라고 합니다. 상황이 안 좋아지면 힘을 더 가진 사람이 힘이 약한 사람을 다른 사람으로 대체함으로써 문제를 해결했습니다. 아무 권력이 없는 사람은 이용당하거나 종종 학대를 당했습니다.

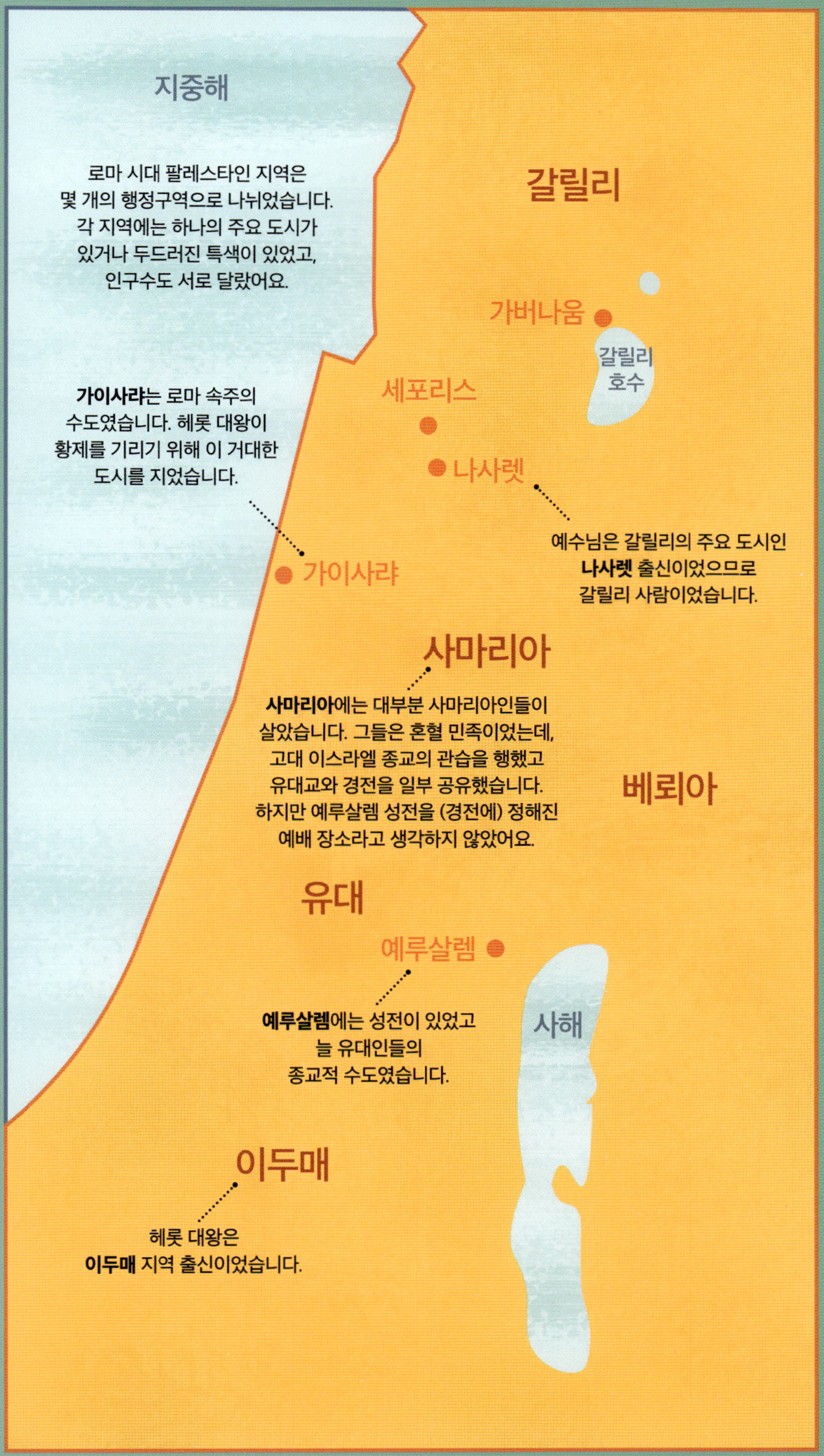

지중해

로마 시대 팔레스타인 지역은 몇 개의 행정구역으로 나뉘었습니다. 각 지역에는 하나의 주요 도시가 있거나 두드러진 특색이 있었고, 인구수도 서로 달랐어요.

갈릴리

가버나움

세포리스

갈릴리 호수

나사렛

가이사랴는 로마 속주의 수도였습니다. 헤롯 대왕이 황제를 기리기 위해 이 거대한 도시를 지었습니다.

가이사랴

예수님은 갈릴리의 주요 도시인 **나사렛** 출신이었으므로 갈릴리 사람이었습니다.

사마리아

사마리아에는 대부분 사마리아인들이 살았습니다. 그들은 혼혈 민족이었는데, 고대 이스라엘 종교의 관습을 행했고 유대교와 경전을 일부 공유했습니다. 하지만 예루살렘 성전을 (경전에) 정해진 예배 장소라고 생각하지 않았어요.

베뢰아

유대

예루살렘

예루살렘에는 성전이 있었고 늘 유대인들의 종교적 수도였습니다.

사해

이두매

헤롯 대왕은 **이두매** 지역 출신이었습니다.

로마 군대

로마인들은 제국을 이루는 데 탁월한 소질이 있었습니다. 그들은 큰 도로를 짓고, 깨끗한 물을 도시 안으로 공급하는 방법을 고안했으며, 무시무시하고 엄청난 군대를 소유했습니다. 로마 군대는 잘 훈련받은 조직으로 무섭고 강한 인상을 주었습니다. 군인들은 칼을 소유했고, 쓰는 것도 능숙했습니다. 주전 63년에 폼페이우스 장군이 예루살렘 지역을 정복했을 때부터 주후 70년에 로마인들이 예루살렘 성전을 파괴할 때까지, 팔레스타인 지역 어디에서나 로마 군대를 볼 수 있었습니다. 예수님은 로마군의 점령 아래에서 평생을 살았습니다.

보조병 (아욱실리아)

어떤 지역이 로마 제국에 속하게 되면, 로마군은 그 지역 주민들을 군인으로 징병했습니다. 로마 시민이 아닌 사람들은 군단병이 될 수 없었지만 보조병은 될 수 있었습니다. 보조병은 로마 방식으로 훈련받고 군장비 일부를 지급받았습니다. 이들은 일반 군인보다 봉급이 적었지만, 은퇴할 때까지 살아 있으면 로마 시민이 될 수 있었어요.

군단병 1

로마 보병대에 속한 군인. 보통 로마 시민이었고, 복무 기간은 25년이었습니다. 군단병은 무기, 갑옷, 장비 일체를 지급받았고, 255 은화 데나리온을 첫 연봉으로 해서 매년 봉급을 받았습니다.

콘투베르니아 8

여덟 명의 군인으로 구성된 가장 작은 군 조직 단위. 이들은 언제나 함께 행동했습니다.

콘투베르니아 1대 = 군단병 8명
군인들은 함께 식사하고, 야영하고, 물을 운반하고, 장작을 모으고, 전투를 했습니다.

켄투리아 80

(100이라는 의미의 이름과는 다르게) 80명 정도의 군인으로 구성된 군 조직 단위.

켄투리아 1대 = 콘투베르니아 10대
켄투리온*이라는 직급의 장교가 각 켄투리아를 지휘했어요. 그를 돕는 부대장은 옵티오라고 불렀습니다.

코호르스 500

500명가량의 군인들로 구성된 군 조직 단위. 각 레기온의 첫 번째 코호르스는 특별하게도 1천 명 정도의 군인으로 구성되었습니다.

코호르스 1대 = 켄투리아 6대
경험 많은 켄투리온이 코호르스를 지휘했습니다.

레기온(군단) 5000

약 5천 명의 군인으로 구성되었고, 레기온을 지원하는 부대(보조병)와 기병(말에 탄 병사)도 있었습니다.

레기온 1대 = 코호르스 10대
레가투스라고 불리는 특별 지휘관이 레기온을 지휘했습니다.

예수님 시대에는 로마 제국 전역에 걸쳐 30대에 이르는 레기온(15만 명 이상의 군사)이 배치되었습니다. 팔레스타인 지역에서는 보조병으로 구성된 몇 대의 코호르스가 경찰 역할을 하며 치안을 유지했고, 모든 사람에게 누가 통치자인지를 상기시켰습니다.

로마 켄투리온

로마 군대는 전투는 물론이고 건축과 외교와 행정 업무에도 능숙한 전문 군인을 양성한다는 명성을 얻었습니다. 켄투리온은 지휘관이었습니다. 이들은 로마 시민권자였고, 스스로 모범을 보이며 부하들을 이끌면서 강인한 군인으로서의 경력을 쌓았어요. 켄투리온은 부대를 훈련시키고 80명으로 구성된 군부대(켄투리아)를 지휘했습니다. 켄투리온들은 가는 곳마다 로마 제국의 강력한 존재감을 불러일으켰습니다.

팔레스타인 지역에서는 경험 많은 켄투리온들이 시리아와 사마리아에서 징병된 천여 명의 보조병을 통솔했습니다. 켄투리온들은 보조병에게 군인이 되는 법을 가르치고 로마 군대의 규율을 따르게 했는데, 때로 이 규율 중에는 보조병을 포도나무 지팡이로 때리는 것도 있었어요.

유대 지역의 켄투리온들은 상류층이었고, 가족과 함께 사는 경우가 많았습니다. 켄투리온은 일반 병사보다 열다섯 배 많은 봉급을 받았습니다. 중요한 인물이었으니까요.

① 염색한 말총
② 측면에 말총을 단 투구 꼭대기 장식
③ 투구
④ 좋은 옷감으로 만든 망토
⑤ 가죽이나 금속으로 만든 가슴 갑옷
⑥ 전쟁에서 보인 용맹함으로 받은 메달
⑦ 투창(필라)
⑧ 오른쪽에 찬 단도
⑨ 왼쪽에 찬 단검(글라디우스)
⑩ 방패(스쿠툼)
⑪ 부하들을 때릴 때 쓰는 포도나무 지팡이
⑫ 징이 박힌 행군용 가죽 샌들 부츠(칼리가이)

범죄와 처벌

로마법

로마의 속주인 유대 지역의 총독은 로마법을 집행했습니다. 유대 지역의 총독은 이 지역에 사는 모든 사람을 죽이거나 살릴 수 있는 권한이 있었습니다. 살인이나 반란 같은 중범죄는 총독이 사건을 조사하고 처리했으며, 그보다 가벼운 범죄는 총독이 임명한 법관이 맡아 처리했습니다. 본디오 빌라도는 주후 26년부터 36년까지 유대 총독이었습니다.

범죄

경범죄
- 도둑질
- 사기

중범죄
- 강도
- 방화
- 살인
- 폭동
- 성전 물건 절도
- 반란 또는 반역

처벌

고대 세계의 감옥은 처벌을 위한 공간이 아니라 재판이나 판결을 기다리는 사람들을 (임시로) 두는 장소였습니다. 일반적으로 심각한 범죄일수록 처벌 수위가 높았습니다. 로마인들 틈에서 살아가는 이들에게 대부분의 처벌은 가혹했으며, 다음과 같은 것들이 있었습니다.

- 벌금
- 사형
- 노예로 삼기
- 유배
- 구타 또는 채찍질

로마인들은 유죄선고를 받은 사람을 **채찍**으로 때렸습니다. **플라겔룸**이라는 이름의 이 채찍에는 가닥가닥 납덩어리가 달려 있었습니다. 로마인들은 자작나무 회초리 묶음으로 범죄자들을 매질하기도 했습니다.

노예가 범죄를 저지르면 심각성과는 상관없이 무조건 처형당할 수 있었습니다. 노예에게는 법적 권한이 거의 없었어요. 어떤 집의 노예 한 명이 유죄 판결을 받으면 그 집안의 노예 전부가 처형당하기도 했습니다!

감옥은 라틴어로 **카르케르**(*carcer*)라고 합니다. **투옥**(incarceration)이라는 영어 단어는 로마인의 문화에서 직접 유래한 것입니다.

로마 제국만이 나를 처벌할 수 있다

로마 시민은 지역 법정에서 재판받지 않았습니다. 로마 시민은 로마 법정에서만 재판을 받았고, 많은 경우 벌금만 내면 되었습니다.

유대법

로마인들은 대개 유대인의 종교적 율법에 관심이 없었습니다. 유대법은 유대인의 종교 법정에서 집행되었습니다. 유대 종교 법정은 종교적 처벌을 내렸는데 그중에는 **출교**, 즉 회당에서 쫓아내는 벌도 있었어요. 또한 벌금 부과나 매질 또는 채찍질 처벌도 있었습니다. 유대법이 범죄라고 여기는 것은 안식일에 일을 해서 안식일 율법을 어기는 것, 성전을 더럽히는 일, 하나님에 대한 신성모독, 간음 등이었습니다. 유대법의 처벌 목적은 대개 깨어진 공동체의 신뢰를 회복하기 위한 것이었습니다.

* 예수님은 로마법과 유대법이라는 두 종류의 법체계 아래에서 살았습니다.

예수님은 유대 법정에서는 **신성모독**(하나님을 모욕하거나 하나님에 대해 불경스러운 말을 하는 것)으로, 로마법에 따라서는 **반란**(정부에 대항하는 것)이라는 죄목으로 고발당하셨습니다. 예수님은 **십자가형** 사형선고를 받으셨습니다. 십자가형은 최악의 범죄자들을 처형하는 방법 중 하나였습니다.

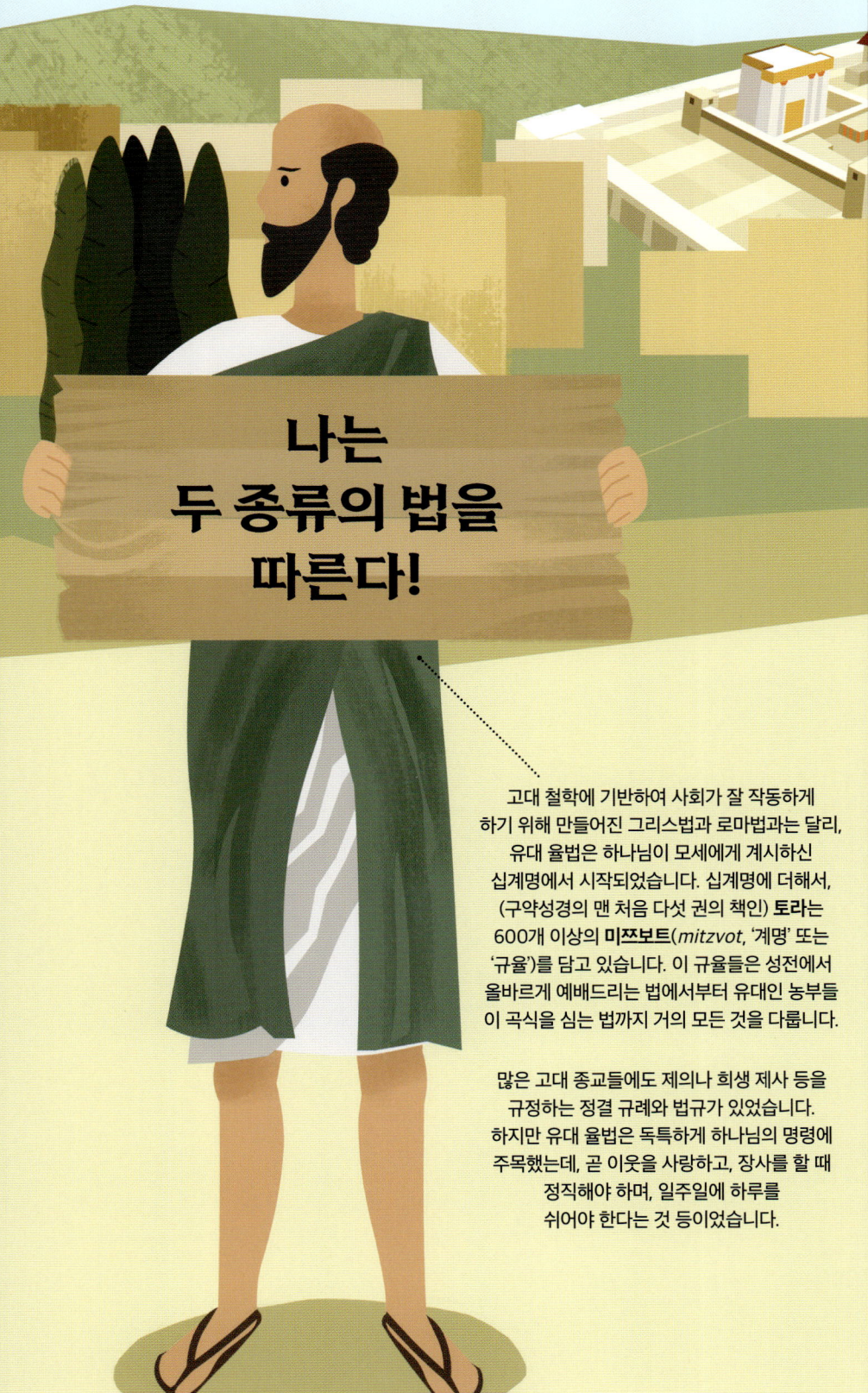

고대 철학에 기반하여 사회가 잘 작동하게 하기 위해 만들어진 그리스법과 로마법과는 달리, 유대 율법은 하나님이 모세에게 계시하신 십계명에서 시작되었습니다. 십계명에 더해서, (구약성경의 맨 처음 다섯 권의 책인) **토라**는 600개 이상의 **미쯔보트**(*mitzvot*, '계명' 또는 '규율')를 담고 있습니다. 이 규율들은 성전에서 올바르게 예배드리는 법에서부터 유대인 농부들이 곡식을 심는 법까지 거의 모든 것을 다룹니다.

많은 고대 종교들에도 제의나 희생 제사 등을 규정하는 정결 규례와 법규가 있었습니다. 하지만 유대 율법은 독특하게 하나님의 명령에 주목했는데, 곧 이웃을 사랑하고, 장사를 할 때 정직해야 하며, 일주일에 하루를 쉬어야 한다는 것 등이었습니다.

범죄

- 자기 자녀를 몰록 신에게 희생 제물로 바치는 것
- 점을 치는 것(영혼과 대화하는 것)
- 다른 사람을 우상 숭배하도록 끌어들이는 것
- 안식일 율법을 어기는 것
- 거짓 신의 이름으로 예언하는 것
- 간음
- 부모에게 무례하게 행동하는 것
  (신 21:18-21을 읽어 보세요)

처벌

법이 모든 다양한 사건에 구체적 처벌을 명시하지 않기 때문에, 범죄자 처벌은 공적으로 수치를 주는 일이기도 했지만 법조문 해석과 적용을 두고 벌이는 논쟁일 경우가 많았습니다. 산헤드린 공회(유대인의 법정)가 율법에 관한 사건을 심판하고 그에 따라 어떻게 처리해야 하는지 지시했습니다.

유대법을 어긴 일부 범죄자는 엄한 벌을 받았습니다. 벌금을 내거나, 채찍으로 맞거나, 심지어 죽기도 했어요. 돌로 쳐서 죽이는 처벌은 예수님 시대에도 있었습니다.

레위기는 유대법에 관한 책인데요. 유대 율법은 유대인들이 하나님, 세상, 서로와 더불어 잘 사는 방법을 가르쳐 주었습니다. 레위기 19장에 나오는 다음과 같은 법을 보세요.*

- 포도를 딸 때에도 모조리 따서는 안 된다. 포도밭에 떨어진 포도도 주워서는 안 된다. 가난한 사람들과 나그네 신세인 외국 사람들이 줍게, 그것들을 남겨 두어야 한다. (10절)
- 네가 품꾼을 쓰면, 그가 받을 품값을 다음 날 아침까지, 밤새 네가 가지고 있어서는 안 된다. (13절)
- 한 백성끼리 앙심을 품거나 원수 갚는 일이 없도록 하여라. 다만 너는 너의 이웃을 네 몸처럼 사랑하여라. (18절)
- 밭에다가 서로 다른 두 종류의 씨앗을 함께 뿌려서는 안 된다. (19절)
- 백발이 성성한 어른이 들어오면 일어서고, 나이 든 어른을 보면 그를 공경하여라. 너희의 하나님을 두려워하여라. (32절)
- 외국 사람이 나그네가 되어 너희의 땅에서 너희와 함께 살 때에, 너희는 그를 억압해서는 안 된다. (33절)

유대 율법이 일상생활의 수많은 측면을 다루기 때문에 하나님의 율법에 따라 사는 것은 유대인의 일상에 매우 중요한 부분이었고, 대화와 가르침과 토론의 단골 주제였습니다. 이처럼 삶의 세세한 부분과 신앙이 긴밀하게 연결되어 있었기에 유대 민족은 하루 종일 하나님에 대해 생각했습니다.

이동하기

고대 팔레스타인에서 육로 여행의 수단은 언제나 걷는 것이었습니다. 보통 사람은 자신의 두 발로 걸었습니다. 재산이 넉넉한 사람은 다른 사람이 끄는 기구나 동물을 타고 이동했습니다.

대부분의 사람들은 걸어 다녔어요. 마을 안에서 집과 집 사이에 있는 길을 이용했고, 소도시들 사이에 놓인 길을 걸어 다녔습니다. 대개 도착지까지는 여러 갈래의 길이 있었어요. 도시와 소도시 사이에 놓인 잘 다져진 길은 놀랍도록 잘 포장된 로마 도로와 연결되어 있었습니다. 당나귀에 짐을 얹고 걸어가면 한 시간에 약 5킬로미터를 갈 수 있었고, 하루에는 약 37킬로미터를 갈 수 있었습니다.

사람들은 친척을 방문하거나, 지역에서 구할 수 없는 물건들을 사거나 팔기 위해, 그리고 명절과 종교 축제에 참여하기 위해 여행했습니다. 유대인들은 1년에 세 번 축제일을 경축하기 위해 순례를 떠났는데, 이때 가족들은 집에서부터 걸어서 거룩한 도성 예루살렘과 예루살렘 성전에 갔습니다. 신실한 유대인들은 **유월절**, **칠칠절**(샤부오트), **초막절**(숙곳)마다 예루살렘에 가서, 보통 며칠간 이어지는 축제 기간 동안 그곳에 머물렀습니다. 이때 마을 주민 전체가 함께 예루살렘으로 가는 경우도 꽤 있었습니다.

말: 예수님 시대에는 거의 군사적 또는 행정적 목적으로만 말을 사용했습니다. 헤롯 대왕의 기병대에 6천 마리의 말이 있다는 소문도 있었습니다. 로마의 공식 전령사는 중간중간 말을 갈아타면서 로마의 도로를 달려 단 며칠 만에 수백 킬로미터를 갈 수 있었습니다.

낙타: 낙타는 사람을 태울 수 있고 건조함과 열기를 잘 견딜 수 있었습니다. 낙타는 침을 뱉고 물기도 하며, 보통 사람이 걷는 것보다 느립니다. 장거리로 짐을 운반할 때는 아주 유용한 동물이었습니다. 아, 그리고 낙타가 침을 뱉는다고 제가 말했죠?

당나귀: 당나귀는 무거운 짐을 운반하고, 쟁기를 끌어 땅을 갈거나 수레를 끌 수 있었습니다. 비상시에는 사람이 타기도 했습니다. 당나귀는 말보다는 느렸지만, 산을 넘을 때 가파른 오르막길에서도 흔들리지 않았습니다.

이륜 수레: 대개 말이 이륜 수레를 끌었습니다. 이륜 수레는 전쟁 무기였지만, 때때로 관료들이 이동할 때도 사용되었습니다. 신약성경에는 빌립이 이륜 수레를 탄 에티오피아 왕국의 재정 관리를 만난 이야기가 있습니다. 두 사람은 아마도 무척 평탄하게 만들어진 로마 도로로 이동하고 있었을 것입니다.

가마: 로마인들과 로마인이 되고 싶은 사람 중에서 제국의 고위 관리나 아주 부유한 사람들이 **가마**(litter)라고 불리는 특별한 종류의 침상을 이용했습니다. 둘 혹은 그 이상의 노예들이 가마를 메고 이동했습니다. 가마는 도시나 소도시에서 가장 많이 사용되었지만, 장거리 여행에 사용되지는 않았어요.

발 씻기: 이렇듯 고대 세계에서는 걷는 것이 일상이었으니, 발 씻기가 일반적 관습이 된 것도 당연한 일입니다. 여행자를 집에 맞아들인다면, 그 사람의 발을 씻겨 주는 일은 실제로 필요한 행위이자 환대의 행위였습니다. 특히 여행자가 맨발이나 낡아 빠진 샌들을 계속 신고 다녔다면 말이죠. 하인이 있는 집에서는 하인이 발 씻기는 일을 했습니다. 그렇게까지 부유하지 않은 집에서는 집주인이 물을 주면 여행자가 스스로 자기 발을 씻는 것이 보통이었습니다.

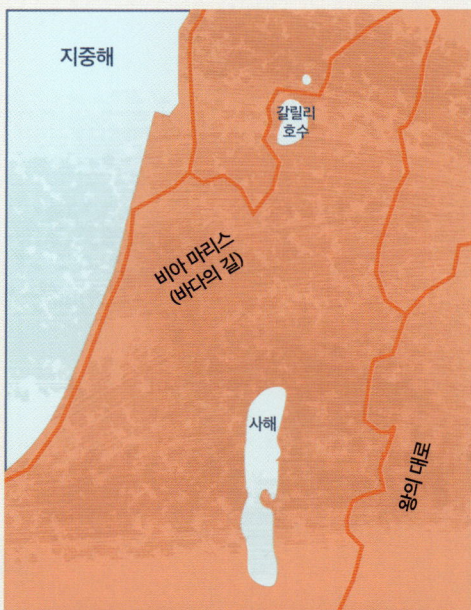

대로(큰길): 몇 개의 주요 무역로가 고대 팔레스타인을 관통했습니다. 이 길들은 굉장히 많은 사람들이 이용했고, 잘 닦여 있었기 때문에 비교적 빠르고 안전하게 이동할 수 있었습니다. 비아 마리스는 이집트에서부터 시리아를 통해 오늘날의 이란과 튀르키예 지역까지 이어진 길이었습니다. 요단강 동쪽으로 더 가면 나오는 왕의 대로는 다마스쿠스와 메소포타미아 나머지 지역을 남서쪽으로 이집트와 연결해 주었습니다. 내륙에 있는 작은 능선길은 사마리아의 언덕들과 예루살렘을 포함한 유대 지역을 남과 북으로 종단할 수 있게 해 주었습니다.

로마 도로 해부

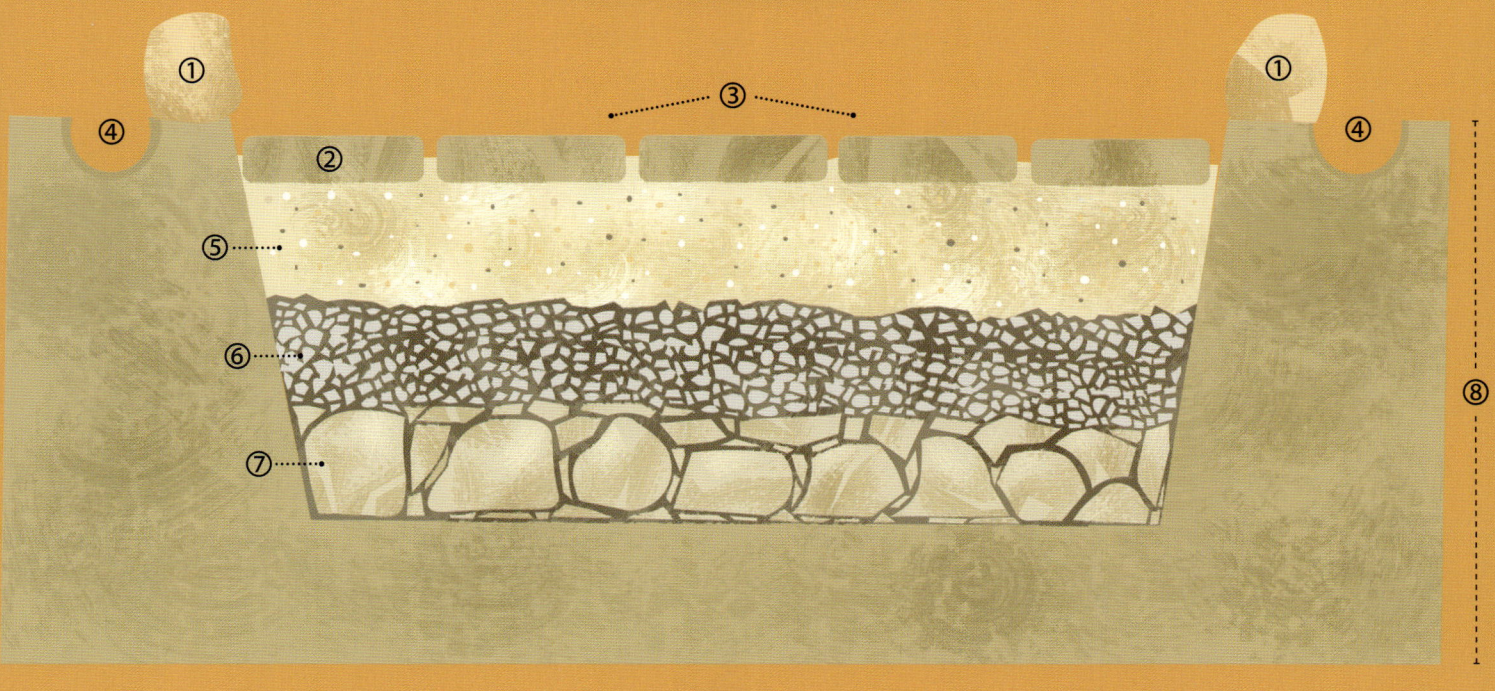

① 도로 경계석*
② 크고 표면이 매끄러운 돌판
③ 다른 곳보다 조금 높은 곳
④ 배수로
⑤ 자갈과 모래를 다져서 굳힌 것
⑥ 작은 돌멩이에 콘크리트*를 섞은 것
⑦ 서로 모양이 맞는 큰 돌들을 촘촘하게 쌓은 것
⑧ 약 90센티미터 깊이
⑨ 약 3미터에서 15미터 폭. 중요한 도로일수록 넓음

* 로마인들은 화산재와 석회석을 사용해 일종의 콘크리트를 개발했어요.

예루살렘과의 거리

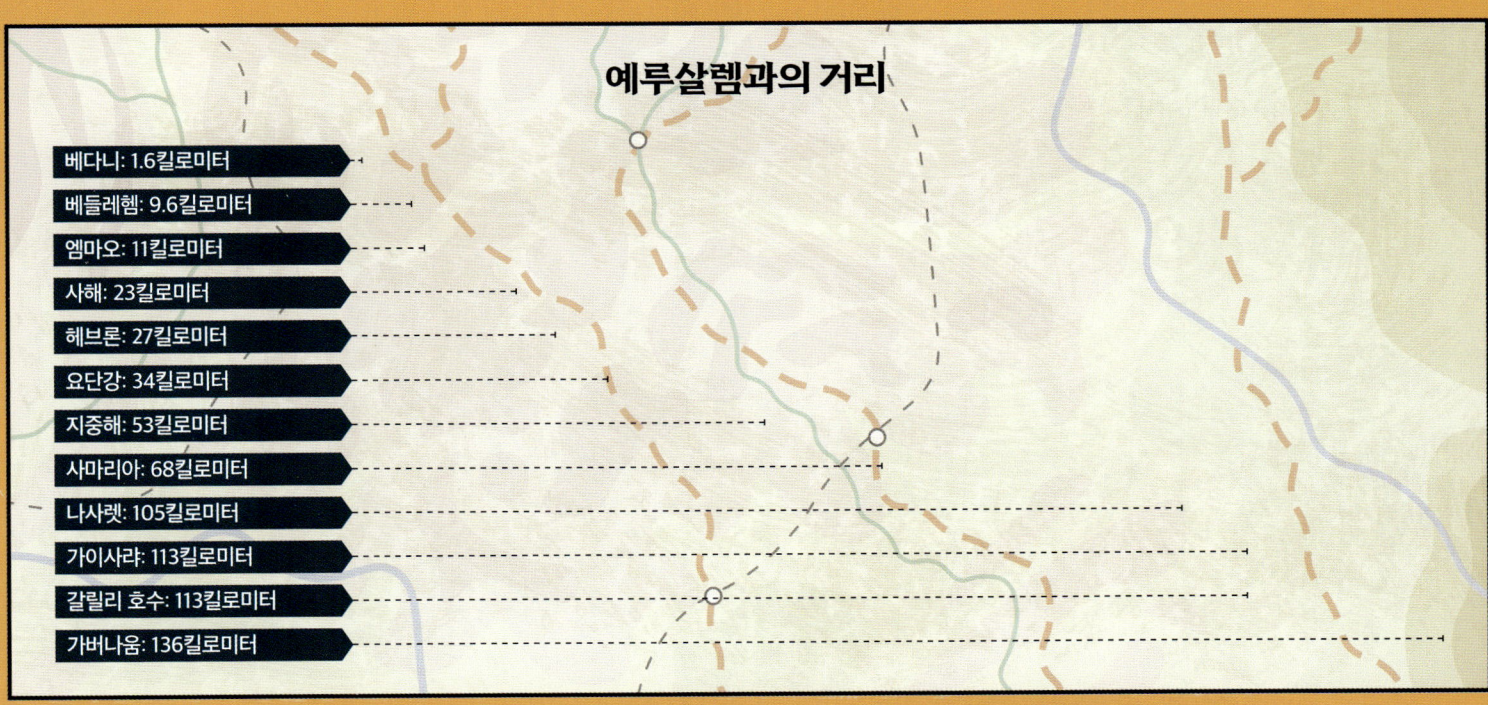

- 베다니: 1.6킬로미터
- 베들레헴: 9.6킬로미터
- 엠마오: 11킬로미터
- 사해: 23킬로미터
- 헤브론: 27킬로미터
- 요단강: 34킬로미터
- 지중해: 53킬로미터
- 사마리아: 68킬로미터
- 나사렛: 105킬로미터
- 가이사랴: 113킬로미터
- 갈릴리 호수: 113킬로미터
- 가버나움: 136킬로미터

예루살렘은 나라 중앙에 있는 해발 고도 754미터의 산등성이에 위치해 있었기 때문에 예루살렘 도성으로 가는 모든 길이 오르막길이었습니다. 갈릴리와 사마리아에서 능선길을 따라 이동하면 오르막길을 덜 걸을 수 있었습니다. 하지만 여리고에서 출발한 사람은 약 1킬로미터 높이의 오르막길을 32킬로미터 이상 걸어야 했습니다.

성경은 여리고에서 예루살렘에 이르는 길을 **아둠민 비탈길**(the ascent of *Adum'min*)이라고 불렀는데, '붉은색 비탈길'이라는 뜻입니다. 생각해 보세요. 비를 맞으며 걸은 사람의 발에 묻은 흙은 무슨 색이었을까요?

주거 생활

성경에서 '집'이라는 단어는 건물과 주거지를 가리킵니다. 가족이 거주하는 가옥과 담장이 있는 건물부터 궁전과 (하나님의 집으로 불린) 예루살렘 성전까지 그 모두를 집이라고 불렀어요. 집이라는 단어는 가족, 씨족, 가문, 그리고 '다윗의 집'이라는 표현에서처럼 가계도를 말할 때도 사용되었습니다. 일반적으로 한 가족의 여러 세대가 한 집에 살았어요. 모든 사람을 위한 공간이 필요했으므로, 가족 수가 늘어나면 넓은 집을 짓거나 기존의 집에 건물을 더해 지었습니다.

집 짓기

작은 집들은 때로 동굴 안에 지었답니다. 지하 공간은 여름에 시원하고 겨울에 따뜻했습니다.

돌은 가장 흔한 건축 재료였습니다. 숙련된 석공만이 쇠로 만든 장비를 사용해 돌을 자를 수 있었어요. 가난한 사람들은 다듬어지지 않은 돌덩어리를 쌓아 벽을 만들었습니다.

나무판은 쉽게 구하기 어려웠고 비쌌습니다. 부자들은 시리아에서 백향목을 수입해 사용했습니다.

바람과 비를 막기 위해서 나뭇가지와 막대기를 끈으로 묶고 진흙을 발라 서로 붙였습니다.

돌을 구하기 어려운 곳에서는 진흙과 지푸라기를 섞어 햇볕에 말려 만든 벽돌을 사용했습니다. 이러한 벽돌로 만들어진 담은 자주 수리해야 했습니다.

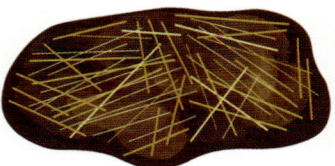

거친 양털로 만든 모포와 방수포는 천막이나 햇빛 가리개로 사용되었고, 방과 방 사이를 나누는 데도 쓰였습니다. 베두인족이라고 불리던 유목민들은 양과 염소를 길렀고, 동물의 털로 천막을 만들어 그 안에서 살았습니다.

고대 세계에서 사람들은 함께 살았고, 그래서 오늘날 우리에게 익숙한 사생활이 별로 없었습니다. 온화한 날씨 덕분에 사람들은 집 밖이나 옥상이나 마당 등에서 많은 활동을 할 수 있었습니다.

가난한 가족은 집의 공간을 가축과 나누어 사용했습니다.

집의 담장은 그 지방에서 나는 어두운색 현무암으로 만들었습니다. 가난한 가족은 그보다는 덜 비싼(그래서 덜 튼튼한) 재료로 만든 작은 집에 살았습니다. 아주 부유한 사람들은 기와지붕, 배수관으로 공급되는 물, 온방이 되는 바닥이 있는 집에서 살았고 집안일을 맡아서 하는 노예가 있었어요. 최고로 부유한 사람들만 집 안에 부엌이 있었습니다. 위 그림은 갈릴리의 한 부유한 어부 가족이 살았던 집의 모형입니다.

이런 가옥과는 달리, 팔레스타인의 도시와 소도시에 있는 대부분의 집에는 담장이 있는 개인 마당이 없었습니다. 이웃들은 종종 집 밖 공간을 공유했습니다. 집은 요리를 하거나 빨래를 널어 두는 작은 빈터를 향해 개방되어 있었고, 거기에서 서로 교제했습니다. 이러한 공간은 거래를 하거나 사람들에게 무엇을 알리는 데 사용되기도 했습니다.

가옥을 이루는 공간 대부분은 '위층'에 있었습니다. 대부분의 집 옥상은 노동, 음식 준비, 식사, 휴식, 수면, 심지어 목욕 장소로 사용되었습니다. 아주 더운 낮과 밤에는 종종 옥상에 있는 높은 자리에서 바람을 쐴 수도 있었습니다. 부자들의 집에만 집 안에 계단이 있었어요.

윗방/옥상

생활 공간

창문은 집 내부의 온도를 유지하고 도둑을 막기 위해 작게 몇 개만 만들었습니다.

마당

부엌/요리 공간

담장은 돌로 만들었습니다. 지붕은 대개 진흙을 매끈하게 바른 기둥들로 만들었습니다.

베트 아브(Bet Av), '아버지의 집'

예수님이 살았던 사회의 모습을 이해하려면 사회의 가장 작은 단위가 어떻게 작동했는지 이해하는 것이 중요합니다. 고대 팔레스타인에서 사회의 가장 작은 단위는 개인이 아니라 가족이었습니다. 1세기의 가족은 피라미드 같은 구조였어요. 꼭대기에는 단 한 명의 통치자[예수님 시대에는 아버지 혹은 **가장**(patriarch)을 의미했어요]가 있었습니다. 가장은 집안의 지도자였습니다. 결혼한 아들은 자신의 부모가 있는 집으로 아내를 데려와 살았습니다. 딸이 결혼하면 남편의 가족이 있는 집으로 가서 살았습니다.

가장이 다스리는 가족 피라미드 구조에서 다른 가족 구성원들은 순서대로 지위와 의무를 부여받았고, 맨 밑에는 가장 어린 아이가 있었습니다. 재산과 명예는 피라미드 위쪽으로 갈수록 많아졌고, 아버지는 자기가 판단하기에 가족에게 가장 이득이 되는 방식으로 재산과 명예를 활용하거나 배분했습니다. 가족의 가장으로서 아버지는 자기보다 힘없는 가족 구성원들을 보호했고, 보호를 받는 가족들은 가장에게 충성하고 순종했습니다.

의복

예수님 시대에는 모두가 어디서나 거의 같은 옷을 입고 다녔습니다. 지위나 성별에 따라 조금씩 달라지기도 했지만, 거의 대부분의 사람은 소매가 없고 무릎까지 내려오는 헐렁한 투니카를 입고 그 위에 망토를 걸쳤어요.

양털 또는 아마(리넨)로 만든 **투니카**는 머리가 들어가는 구멍이 있는 판초처럼 만들어졌어요. 대체로 허리에 띠를 매었습니다.

가끔은 옷의 양 옆 부분이 꿰매어져 있기도 했습니다. 팔을 위한 구멍은 남겨 두고요.

투니카의 단은 남성의 경우 종아리 아래 정도, 여성의 경우에는 발목까지 왔어요. 노동자들은 종종 허벅지 중간까지만 오는 짧은 투니카를 입었습니다.

예수님 시대에 유대인 교사들은 천으로 만든 가리개를 머리에 쓰고 다녔습니다. 교사가 아닌 남자들은 머리를 가리는 게 의무는 아니었지만 가끔 뜨거운 해를 피하려고 가리기도 했어요. 여자는 날씨 때문이 아니라 정숙함을 위해 머리를 가렸습니다. 대부분의 로마 여자와 모든 유대인 여자는 집 밖이나 공공장소에서 머리카락을 가리는 베일과 숄 형태로 된 가리개를 썼어요.

벨트 혹은 **허리띠**는 가죽이나 아마(리넨)로 만들었습니다.

샌들은 나무와 낙타 가죽, 또는 나무나 낙타 가죽으로만 만들었어요. 가죽으로 된 끈이나 띠로 발에 고정했습니다.

이 부분을 발가락 사이에 끼웠어요.

로마인들이 **팔리움**(*pallium*)이라고 불렀던 **망토**는 몸 전체나 한쪽 어깨 또는 양쪽 어깨를 감싸는 겉옷으로 사용되었습니다. 접어서 담요나 침낭처럼 쓸 수도 있었어요.

유대인 여성은 몸을 더 가리는 긴 옷을 입었습니다.

로마 시민만 **토가**를 입을 수 있었습니다.

토라의 규율에 따라 남자들의 겉옷에 단 술(태슬)은 옷을 입은 사람에게 계명에 순종해야 한다는 것을 상기시켰습니다.

모든 것은 결국 돈 문제였어요

사람들은 거의 대부분 비슷한 옷을 입었지만, 옷감은 재력에 따라 크게 달랐습니다. 옷감은 지위를 나타내는 하나의 수단이었어요.

 **가난한 사람들**
- 대부분 양털 또는 염소털로 거칠게 짜인 천
- 염색하지 않은 회색 또는 갈색의 옷감
- 옷을 갈아입지 않음

 부유한 사람들
- 리넨처럼 섬세하게 짜인 옷감
- 값비싼 염료를 사용하여 온갖 색상의 천이 있었음
- 옷을 갈아입음
- 장신구 착용

흰 옷을 하얗게 만들기 (유지하기)

고대에 새하얀 옷은 순결함과 높은 지위를 드러내는 표시였습니다. 하지만 흙길과 먼지투성이 마을에 살면서 옷을 하얗게 유지하기란 쉽지 않았습니다. 그래도 고대의 옷 제조업자들과 빨래하는 사람들이 천을 하얗게 만드는 한 가지 방법이 있었습니다. 바로 천을 묵은 소변에 담그는 것이었어요. 네, 소변, 오줌이요! 소변 속 암모니아에는 놀라운 표백 효과가 있다고 합니다. 여러분은 아마 몰랐겠죠! 이런 목적으로 소변을 모으거나 심지어 사고팔기도 했답니다.

신발, 샌들, 부츠, 슬리퍼

고대 그리스인에게 니케(Nike)라는 승리의 여신이 있었고 팔레스타인에서 가장 큰 강은 요단(Jordan)강이었지만, 1세기에는 그 누구도 오늘날의 운동화*를 상상할 수 없었습니다. 고대의 신발은 맨발의 굳은살에서부터, 로마 군인들이 신었던 밑창에 근사하게 징이 박힌 짧은 장화에 이르기까지 많은 종류가 있었습니다. 다양한 종류의 샌들, 구멍 없이 발을 다 덮는 신발, 그리고 심지어 슬리퍼까지 있었어요.

발가락을 보호하고 오래 걸어도 덜 고통스럽게 해 주는 것 외에도, 발에 무엇을 신었는가(또는 신지 않았는가)는 지위를 나타내는 역할도 했습니다. 로마 시민은 절대 맨발로 다니지 않았습니다. 로마 시민인 남자들은 야외에서 샌들조차 신지 않았지요. 맨발은 노예이거나 매우 가난하다는 의미였기 때문입니다. 유대인들 사이에서는 맨발로 다니는 것이 가난 혹은 자발적인 겸손을 의미하기도 했어요. 성경에서 신발을 벗는 것은 경건한 행위 또는 애도의 표시였습니다.

로마의 계층과 토가의 종류

투니카의 줄무늬는 계층을 나타냈습니다.
- 평민 = 염색되지 않은 천, 줄무늬 없음
- 기사 계층 = 얇은 줄무늬
- 원로원 계층 = 넓은 줄무늬

토가의 색도 중요했습니다.
- 염색되지 않은 황백색 = 로마 시민 (남자만)
- 가장자리가 보라색 = 정무관 또는 재판관
- 검은색 또는 어두운 회색 = 애도 중인 사람
- 표백된 흰색 = 정치 후보자
- 금색 자수를 놓은 보라색 = 승리를 거둔 장군
- 전체가 보라색 = 황제

벌레와 달팽이 그리고 색깔

보라색 염료는 헥사플렉스 트룬쿨루스(hexaplex trunculus)라는 바다 달팽이의 점액질로 만들었습니다.

진홍색 염료는 참나무에 사는 작은 깍지벌레인 케르메스 에키나투스(kermes echinatus)로부터 나왔어요.

진홍색과 보라색 염료는 비싸고 대체할 수 있는 재료가 없었기에 왕족만 사용하는 색상이었습니다.

의복에 관한 성경의 규율

예수님이 알았던 (그리스도인들은 구약이라 부르는) 히브리어 성경에는 의복과 장신구에 관한 규율이 많습니다. 유대인들은 이 규율들을 알고 있었기에 그것들을 따르려고 노력했습니다. 예를 들어,

신 22:11 혼합된 천으로 만들어진 옷을 입지 말라.
민 15:38 항상 옷에 술을 달아서 하나님의 계명을 상기하라.

(성경은 옷을 오줌으로 씻는 것에 대해서는 말하지 않네요.)

노예의 옷

노예들은 주인이 허락하는 것이라면 무엇이든 입었어요. 우아하게 옷을 입은 노예도 있었고, 누더기나 다른 사람이 입던 투니카를 물려받은 노예도 있었습니다. 어떤 노예는 금속 목걸이를 착용하기도 했는데, 이것은 도망친 노예를 붙잡아 주인에게 돌려주면 보상을 약속한다는 표식이었어요.

갈릴리 호수의 어업은 대규모 식품 수출 산업을 떠받쳤습니다. 냉장고가 없어서 생선은 빨리 상했어요. 생선을 오래 보존하고 쉽게 운송하기 위해 사람들은 생선을 짜고 향이 강한 절임 소스에 넣어 로마 제국 구석구석에 보냈어요. 소도시인 막달라는 정어리를 절이는 곳이었어요. 예수님의 친구 막달라 마리아는 아마 그곳 출신일 것입니다.

목수들은 나무와 돌을 사용해서 건물, 가구, 배, 수레를 비롯해 기술과 도구가 있어야 만들 수 있는 것은 무엇이든 만들었습니다. 예수님의 아버지인 요셉도 목수였다고 해요.

노동 생활

고대 팔레스타인의 노동자들은 매우 열심히 일했습니다. 대부분은 다른 사람이 소유한 토지에서 농부로 일했습니다. 노동자의 약 90퍼센트가 어떤 형태로든 농업과 직접 관련이 있는 일을 했습니다. 다양한 작물을 기르고, 갈릴리 호수에서 고기잡이를 하고, 양과 염소를 돌보았어요. 물건을 운반하거나, 장인이라고 불리는 숙련된 노동자들을 보조하는 일 등의 육체노동을 하는 사람도 있었습니다. 장인은 수가 적었고, 도자기를 만들거나 돌을 깎는 것과 같은 전문적인 기술을 가지고 있었습니다. 그들은 때로 그들 자신을 위해 일하거나 물건 또는 노동력을 팔았어요.

모두가 합법적으로 일하지는 않았어요! 어떤 사람들은 강도질, 범법 행위, 밀수로 돈벌이를 했어요. 때때로 여러 무리의 사람들이 너무 가난하고 절박해진 나머지 무법 집단을 결성해서, 상인들과 무역상들이 물건을 들고 마을들 사이를 지날 때를 노려 강도질을 했습니다. 이 강도들은 음식이나 여타 물건들을 훔치기 위해 마을이나 사유지를 습격하기도 했습니다.

예수님 시대에 대다수의 사람들은 어느 정도는 다 농부였습니다. 모든 일이 인간과 동물의 노동으로 이루어졌습니다. 기후 덕택에, 농사(포도 덩굴을 손질하거나 올리브나무를 관리하는 일도 포함해서)를 1년 내내 할 수 있었어요. 심기, 잡초 제거 또는 가지치기, 수확, 그리고 시기에 맞는 각종 작물 관리 등 늘 할 일이 있었습니다.

돌 깎는 사람들과 석공들은 철로 된 도구를 가지고 이 지역에서 가장 흔한 건축 재료를 다듬고 새기는 일을 했습니다. 예루살렘 성전을 보수하고 확충하는 큰 프로젝트에는 (거의 1만 8천 명이나 되는!) 숙련된 석공들이 동원되었고, 그곳의 단단한 석회석을 사용했습니다.

길쌈하는 사람들은 양털과 아마실(리넨)로 옷감에 쓰이는 천을 만들었습니다.
실로 짠 천을 알록달록하게 염색하는 일을 하는 사람도 있었습니다.

도자기와 바구니 만드는 사람들은 찰흙과 갈대로 조리 도구와 보관 용기를 만들었습니다.

풀을 뜯어 먹는 동물을 기르는 것은 예수님 시대에나 그보다 몇백 년 전부터도 흔한 생계 수단이었어요. 울퉁불퉁하고 언덕이 많은 이곳의 지형은 사람이 계속 지켜보고 돌봐야 하는 양과 염소 같은 동물을 기르기 좋은 환경이었습니다. 부유한 지주들이 소유한 양과 염소의 대규모 떼는 고용된 양치기들이 돌보았어요. 유목민인 베두인족은 그들만의 양 떼를 소유하고 있었습니다. 예수님 시대에 양치기는 특별한 기술도 없고 믿을 수 없는 사람으로 여겨져 천대받았습니다.

어린양, 숫양, 암양을 포함해서 양에 대한 언급은 성경에 500번도 넘게 나옵니다.

어업은 갈릴리 주민의 삶에서 매우 중요했습니다.
예수님이 삶의 많은 시간을 보냈던 벳새다는 큰 어촌이었습니다.

갈릴리 호수의 어영

갈릴리 호수는 이 지역의 가장 큰 담수호*입니다. 갈릴리 호수의 물은 지하 수원지와 요단강에서 나오는데, 요단강은 호수의 북서쪽에 있는 훌라 계곡에서 발원합니다. 사람들은 만 년이 훨씬 넘는 시간 동안 여기에서 물고기를 잡아먹었을 거예요! 예수님 당대의 어떤 기록에 따르면 갈릴리 호수에서 물고기를 잡는 배가 200척도 넘게 있었다고 해요.

다른 이름도 있습니다.
- 디베랴 바다
- 긴네렛 호수
- 게네사렛 호수

고기잡이배에는 단순한 장치만 되어 있어서, 호수에 풍랑이 일면 항해하기 어려웠습니다.

어부들은 물에 자주 들락날락 해야 해서 옷을 벗은 채로 일하는 경우가 많았습니다. 고기잡이배를 호숫가 가까운 곳에 띄워 놓고, 어부들은 그물을 던지거나 호수 바닥을 따라 그물을 끌어 고기를 잡았습니다.

배는 나무로 만들어졌고, 곰이 가거나 구멍이 생기면 주변에 있는 아무 나뭇조각이나 덧대었습니다. 배가 작아서 아주 안정적이지는 않았습니다. 약 8미터 길이의 배 한 척에는 아부 네다섯 명이 탈 수 있었습니다.

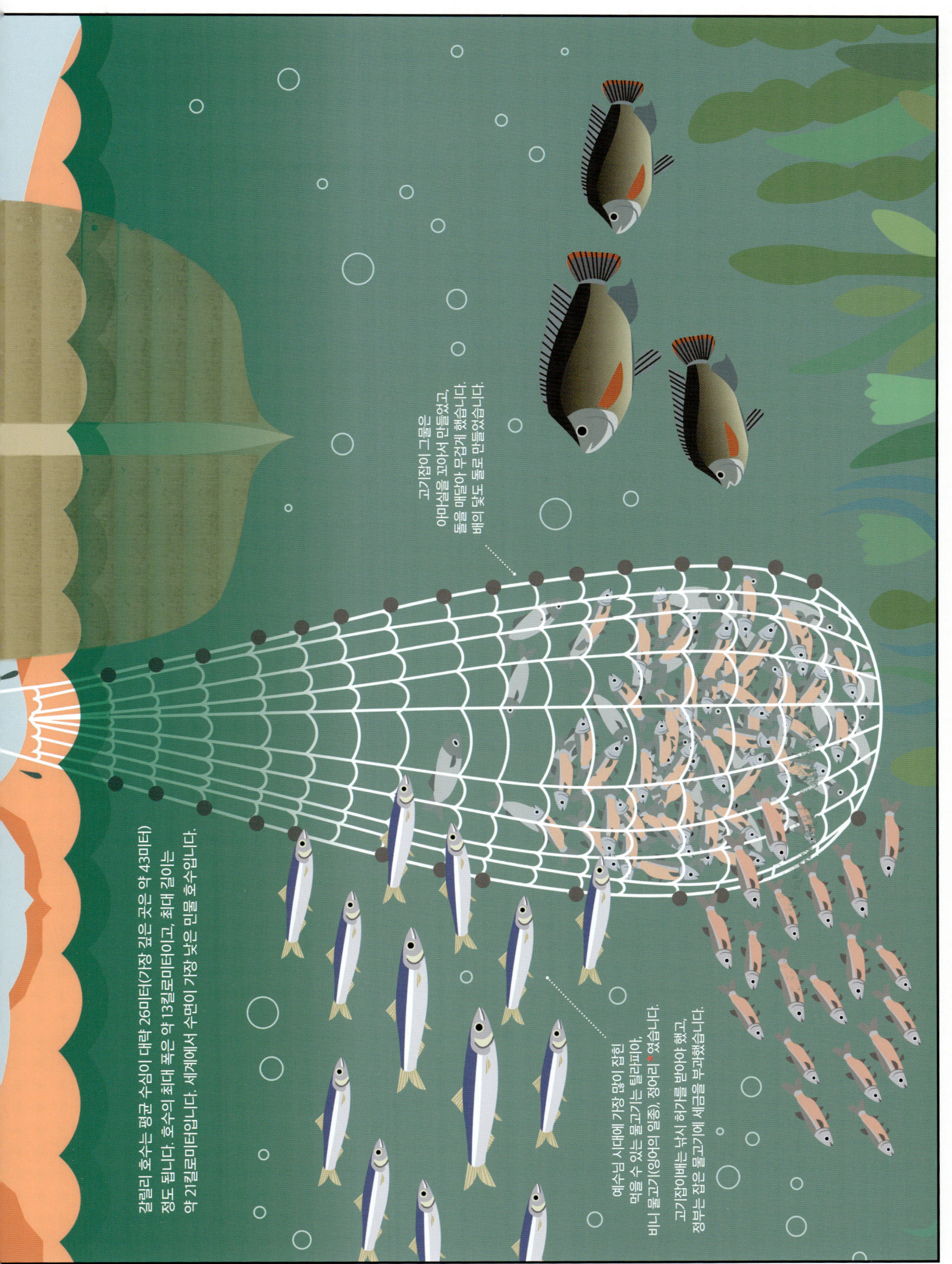

포도원

포도원은 밭입니다. 포도나무가 있는 곳이죠. 포도 덩굴이 자라고, 포도주를 만드는 첫 단계가 시작되는 곳입니다. 1세기에는 포도원 주위에 돌로 만든 담이나 울타리, 때로는 도랑이 있어서 경계선 역할을 하고 굶주린 염소나 들짐승, 도둑 등이 들어오지 못하게 했어요.

포도원에는 담도 있고 망대도 있었습니다. 망대에서는 파수꾼이 잘 익어 과즙이 풍성해진 값나가고 맛있는 포도를 지키기 위해 주변을 감시했어요. 규모가 큰 포도원은 석회석 기반암을 깎아서 만든 전용 포도 압착기를 가지고 있었습니다. 작은 포도원에서 일하는 농부들은 포도가 익으면 공용 압착기로 가져와서 작업을 했습니다.

언덕에 식물을 심거나 농작물을 수확하는 일은 어려운 일입니다. 하지만 포도원은 보통 언덕 비탈의 축대에 위치해 있었습니다. 일종의 땅으로 만든 계단이었죠. 평평한 땅에서는 밀과 보리를 길렀습니다. 참으로 영리한 방식이죠!

포도나무는 서로 3미터 정도 간격을 두고 심어서 나무가 자랄 충분한 공간을 주었습니다.

포도원을 만들 때는 나무뿌리가 잘 뻗을 수 있도록 큰 돌덩이와 바위를 제거해야 합니다. 작은 돌은 배수에 도움을 주었기 때문에 남겨 두었어요. 큰 돌은 담을 쌓거나 망대를 짓는 데 사용되기도 했습니다.

잘 익은 포도는 거의 70퍼센트가 과즙으로 되어 있어요.

망대
언덕 위에 있는 오두막처럼 작은 규모의 망대도 있었고, 돌을 쌓아 지은 망대도 있었습니다. 거의 12미터 높이의 망대도 있었고요. 포도가 거의 익은 늦여름이 되면 파수꾼은 아예 망대에서 지내기도 했습니다. 때로는 파수꾼의 가족 전체가요. 추운 계절에는 망대를 사용하지 않고 내버려두었습니다.

포도 압착기
포도 압착기는 암석을 깎아서 만들었습니다. 포도를 눌러 뭉개기 위한 큰 통이 있었고, 짜낸 포도즙은 낮은 곳에 있는 통에 모였습니다. 팔레스타인 지역의 석회암은 단단한 돌보다 자르거나 깎아 내기 쉬웠고 액체를 저장하기에도 좋았습니다.

맞아요, 발을 사용했어요!
포도가 익어서 준비가 되면, 가장 먼저 포도를 으깨어 걸쭉하게 만들었습니다. 이때 포도주를 만드는 사람마다 서로 다른 온갖 도구를 사용하는데요, 1세기 사람들은 맨발을 사용했습니다. 정말요! 대다수 사람이 늘 샌들을 신고 다녔던 지역에서 말이죠. 하지만 기억해 두세요. 포도주는 물보다도 더 깨끗하고 안전했답니다.

포도주 제조나 **포도 재배**는 예수님 시대 마을 경제와 지역 주민의 삶에서 큰 비중을 차지했습니다. 가파르고 바위가 많은 석회암질 토양과 지중해 기후 덕분에 팔레스타인은 포도를 재배하기 아주 좋은 환경이었어요.

고대 팔레스타인 지역에는 물이 귀했기 때문에 포도주는 선물과도 같았습니다. 소도시와 마을은 대개 우물 근처에 위치했고, 드물게는 천연 샘물 근처에 있기도 했습니다. 사람들은 우물에서 물을 길었고, 돌을 깎아 만든 수조에 빗물을 모아 저장했습니다. 물을 나르는 일은 힘든 일과였어요. 돌이나 흙으로 만든 항아리를 들고 공동 우물에서 집까지 굉장히 여러 번 왔다갔다 해야 했기 때문이죠. 이렇게 고된 노동에도 불구하고, 저장한 물을 비롯하여 강 또는 개천에서 가져온 물은 종종 오염되어서 안전하게 마실 수 없었습니다.

그래서 고대 세계에서 포도주는 무척 중요했어요. 포도즙을 알코올이 함유된 포도주로 만드는 작업을 **발효**라고 하는데요. 발효된 포도즙이나 포도주는 안전하게 마실 수 있었습니다.

- 포도는 송이로 자랍니다. 사실 포도는 (블루베리나 크랜베리처럼) 베리 과에 속합니다.

- 포도나무는 씨앗을 심어서 자라는 것이 아니라 꺾꽂이나 **접지***를 통해 재배됩니다.

- 새 포도주는 통에서 약 3일간 발효됩니다. 보글거리던 거품이 잔잔해지면 포도주를 돌 항아리나 다른 용기로 옮겨 붓습니다.

- **발효**는 효모(자연에 있는 미생물)를 사용해서 당분을 열과 에틸알코올로 바꾸는 화학과정이에요. 효모는 당분을 아주 좋아해요. 포도 껍질에는 천연 효모가 있어서 발효를 시작하는 데 도움을 줍니다. 열과 알코올은 효모의 활동에서 나오는 부산물입니다. 말하자면 땀이나 배설물 같은 것이죠.

포도즙이 돌로 된 통으로 흘러가게 만든 수로

필요시를 대비한 예비 통

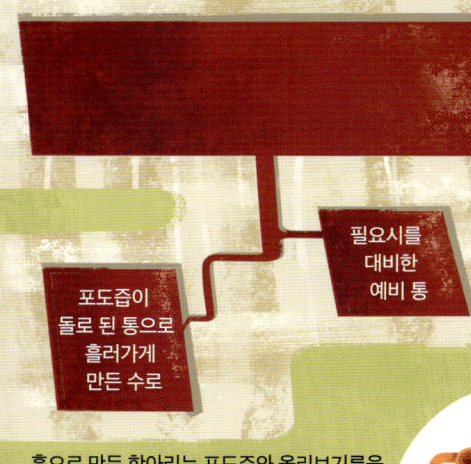

흙으로 만든 항아리는 포도주와 올리브기름을 저장하는 데 사용했어요. 고대 로마의 포도주 항아리는 약 28리터를 담을 수 있었습니다. 입구는 찰흙이나 밀랍으로 막아 두었습니다.

수확

포도 수확과 포도주 제조는 고대 팔레스타인 지역에서 축제를 할 만한 명백히 좋은 계기였습니다. 여름의 뜨거운 열기가 잦아드는 8월 말에서 9월에 포도를 수확할 준비를 했습니다. 이 시기는 유대인의 새해 축제인 **로쉬 하샤나**와 거의 겹칩니다. 포도를 수확한 다음에는 무화과, 올리브, 다른 과실들을 수확했고, 야외에 장막을 치는 축제일인 **초막절**, 즉 숙곳 때에 수확이 끝났습니다. 초막절에는 다른 사람들과 수확물을 나누는 오두막을 지었습니다.

꽤 부유해야 포도원 주인이 될 수 있었어요. 새로 재배하기 시작한 포도나무가 포도주를 만들 정도로 잘 익은 포도를 맺기까지는 몇 년이 걸립니다. 당장 다음 끼니를 걱정해야 하거나, 전쟁이 날 때나 주변 상황이 바뀔 때마다 이사를 해야 한다면, 언덕 비탈에 포도 압착기를 깎아 만들거나 포도나무가 잘 클 때까지 기다리기가 쉽지 않았겠죠. 그래서 포도주 제조자들은 대개 아주 부유하고 지역에 잘 자리 잡은 사람들이었습니다.

농업

"주 당신들의 하나님이 당신들을 데리고 가시는 땅은 좋은 땅입니다. 골짜기와 산에서 지하수가 흐르고 샘물이 나고 시냇물이 흐르는 땅이며, 밀과 보리가 자라고 포도와 무화과와 석류가 나는 땅이며, 올리브기름과 꿀이 생산되는 땅이며, 먹을 것이 모자라지 않고 아무것도 부족함이 없는 땅이며, 돌에서는 쇠를 얻고 산에서는 구리를 캐낼 수 있는 땅입니다." (신 8:7-9, 새번역)

신명기에 언급된 땅의 일곱 과일은 "일곱 가지 열매"라고 불립니다. 하나님은 가나안으로 가는 사람들에게, 그들이 생존을 넘어서 번영을 이룰 수 있을 만큼 물과 충분한 음식이 있는 비옥한 땅을 발견할 것이라고 약속하셨습니다. 그들은 그 땅을 찾았고, 경작할 수 있는 거의 모든 땅에서 이 일곱 가지 열매를 키웠어요. 히브리인들은 이 열매들로 필요한 모든 것을 만들 수 있었습니다.

보리와 밀 같은 곡물로는 빵과 죽을 만들었고, 포도는 그대로 먹거나 포도주를 만들었습니다. 올리브에서는 기름을 얻었습니다. 무화과와 대추야자는 과육을 먹고, 아마 신명기에서 꿀이라고 부르는 시럽을 만드는 데도 사용되었습니다. 이 일곱 가지 음식은 고대에 그 지역에 살던 사람들의 주요 먹거리였을 뿐만 아니라, 수백 년 동안의 중요한 상징이기도 했습니다.

밀

무화과

젖과 꿀이 흐르는 땅

하나님이 가나안 땅을 젖과 꿀이 흐르는 비옥한 곳이라고 말씀하신 것은 유명합니다. 달콤하고 끈적거리는 행복한 광경이지요. 야생 벌꿀은 예수님 시대에 흔했던 것 같습니다. 요단강 근방에서 자란 대추야자로 만든 시럽을 쉽게 구할 수 있었던 것처럼요. 우유를 냉장고 밖에 두면 쉽게 상하는데, 예수님은 냉장고가 없었죠! 대부분의 우유, 그러니까 소, 염소, 양, 또는 낙타의 젖은 금세 엉겨서 치즈 같은 요구르트가 되어 후루룩 마시거나 숟가락으로 떠먹을 수 있었습니다. 그러니 하나님이 약속하신 땅에서 사람들이 발견한 것은 우리가 아는 젖과 꿀하고는 달랐을 거예요. 하지만 "응고된 낙타 젖과 끈적끈적한 대추야자 시럽이 흐르는 땅"이라는 표현은 "젖과 꿀이 흐르는 땅"처럼 귀에 착 붙는 느낌이 없네요.

채소를 거의 먹지 않음

예수님과 예수님의 친구들은 아마도 채소 샐러드를 많이 먹지는 않았을 것입니다. 성경에는 당근이나 감자나 상추 같은 채소에 대한 언급이 없고, 1세기 농부들은 채소를 재배하려고 노력하지 않았던 것으로 보입니다. 이집트 나일강 삼각주의 따뜻한 습지대에서는 양파, 리크,★ 멜론, 오이, 마늘이 자랐습니다. 하지만 팔레스타인의 농토는 대부분 더 높고 건조하고 차가운 고도에 있었기 때문에 올리브와 포도를 기르기에 더 적합했습니다.

수확 시기에 어떻게 행동해야 하는지에 대한 성경의 많은 규칙 중 하나는 다음과 같습니다. "당신들이 이웃 사람의 포도원에 들어가서 먹을 만큼 실컷 따 먹는 것은 괜찮지만, 그릇에 담아 가면 안 됩니다"(신 23:24).

이 지역은 동물을 기르고 농사를 하기에 적합한 기후였습니다. 양과 염소를 기르면 젖과 고기와 털과 가죽을 얻을 수 있었습니다. 젖소는 우유를 주었고, 때때로 소를 잡아 잔치를 열기도 했어요. 암탉과 수탉에게서는 달걀과 고기를 얻었습니다. 닭은 기상 알람 역할도 했어요. 비둘기도 가축으로 길렀고, 고기를 먹었습니다. 갈릴리 호수에는 물고기 떼가 있었고, 사람들은 그물로 물고기를 잡아 신선한 상태로 먹거나, 지중해나 사해에서 얻은 소금을 사용해 생선을 절이고 말려서 먹었습니다.

요즘처럼 슈퍼마켓도 없고, 음식을 운반하는 트럭이나 기차도 없고, 냉장고도 트랙터도 플라스틱도 없었던 고대 사회에서는 날마다 가족이 먹을 음식을 확보하는 것이 모든 사람에게 가장 중요한 일이었습니다. 고대인들은 직접 기르고, 얻고, 잡은 것들을 먹었습니다. 종종 자기에게 많은 것은 필요한 것과 교환했습니다.

올리브와 놀라운 올리브기름

- 올리브는 밀과 포도와 함께 팔레스타인 지역의 가장 귀중한 농작물이었습니다. 올리브는 열매로도 먹었지만, 대부분 올리브기름으로 만들어 저장하고 운송해서 판매했습니다.
- 올리브나무는 세상에서 가장 튼튼하고 회복력 좋은 나무에 속합니다. 올리브나무는 대부분의 토양에 잘 적응합니다. 심지어 소금기 있는 물에서도요. 1년 내내 잎이 떨어지지 않으며 수백 년 동안 열매를 맺습니다.
- 올리브는 첫 번째 우기가 오기 전 가을에 수확했습니다.
- 올리브나무는 유대 지역 남부에서 북부 갈릴리 지역까지 어느 곳에서든 잘 자랐습니다.
- 다 자란 올리브나무 한 그루는 매년 약 57리터에 이르는 기름을 만들 수 있습니다.
- 목수들도 올리브나무를 귀하게 여겼습니다. 아주 단단하고 잘 썩지 않기 때문이지요.
- 종려 주일에 예수님은 나귀를 타고 예루살렘에 입성하셨습니다. 사람들은 종려나무 가지를 흔들며 예수님을 반겼습니다. 그런데 그들 중 일부는 과수원에서 가져온 올리브나무 가지를 흔들었을 수 있습니다. 지금도 올리브산에서 그런 과수원을 볼 수 있죠. 아, 그러고 보니 산 이름이 올리브네요!
- 올리브는 손으로 따서 광주리에 모으거나, 사람들이 나무에 올라가 가지를 흔들어서 떨어지는 올리브를 망이나 천에 받았습니다. 가끔 긴 막대기나 나무 갈퀴로 꼭대기의 올리브를 쳐서 수확하기도 했습니다.

올리브기름으로 켜는 등불은 어두운 집을 밝히는 데 사용했습니다. 등불은 대개 진흙으로 만들었는데, 어떤 것들은 아주 정교했습니다.

올리브 열매에서 기름을 짜려면 여러 과정을 거쳐야 합니다. 가장 먼저 올리브를 전용 맷돌에 넣고 과육과 씨까지 통째로 으깹니다.

올리브 맷돌

무거운 돌로 올리브를 으깨고 갈아서 걸쭉하게 만듭니다.

맷돌은 사람이나 나귀의 힘으로 돌렸습니다.

걸쭉한 덩어리를 퍼서 성기게 짠 광주리에 담습니다.

갈면서 생긴 기름이 여기 모입니다.

광주리에서 떨어진 기름방울도 모읍니다. 예수님 시대에 성전에서 제사를 드릴 때 메노라(촛대)에는 이 순수한 올리브기름을 사용했습니다.

올리브 압착기

첫 번째로 짠 올리브기름은 성전 제사에 쓰였고, 물건이나 서비스의 값을 낼 때도 사용되었습니다. 금만큼 귀했어요. **두 번째로 짠** 올리브기름은 음식, 화장품, 약품으로 쓰였습니다. **세 번째로 짠** 올리브기름으로는 등불을 켜거나 비누를 만들었습니다.

길고 무거운 기둥은 대개 오크나무로 만들어졌습니다.

그물망처럼 만들어진 광주리에 걸쭉하게 된 올리브를 담고, 차곡차곡 쌓았습니다.

짜낸 올리브기름은 압착기에서 저장통으로 흘러내렸습니다. 저장통은 보통 석회암을 파내어 만들었어요.

- 대부분의 올리브 과수원은 땅이 있는 부자들의 소유였습니다. 이들은 자체 압착기가 있었고, 지역 주민들을 고용하거나 소유한 노예에게 일을 시켜서 올리브기름을 생산했습니다.

- 어떤 마을에는 공용 압착기가 있어서, 올리브나무를 몇 그루만 가지고 있는 사람도 와서 올리브기름을 만들 수 있었습니다.

- 올리브 수확 시기에는 공동체의 거의 모두가 일손을 도왔어요. 올리브기름이 상할 수 있어서 작업이 빨리 이루어져야 했습니다.

- 늦가을에 올리브를 수확했기 때문에 올리브기름을 생산하는 모든 과정은 실내나 지붕이 있는 곳에서 이루어졌습니다. 올리브기름이 끈적끈적해지지 않도록 말이죠.

- 올리브기름을 짜고 남은 찌꺼기는 화덕이나 화로나 가마에 불을 때는 연료로 요긴하게 사용했습니다.

여성의 삶

예수님 시대 여성들의 일상생활은 사는 곳과 경제적 여건에 따라 달랐습니다. 도시의 삶은 작은 마을에서의 하루하루와도, 농촌이나 어촌 공동체의 일상생활과도 크게 달랐어요. 하지만 고대에는 부유한 여성이나 가난한 여성 모두 가정을 돌보는 일을 했습니다. 여성들은 가족의 식사, 의복, 청소를 책임졌습니다.

이에 더해 유대인 여성들은 가정의 종교 지도자이기도 했어요. 어머니는 집에서 식사 기도를 하고 안식일(*Shabbat*)과 다른 명절 기간 동안 촛불을 켰습니다. 어린이들은 아버지와 어머니를 공경하도록 배웠습니다.

종교

예수님 시대 유대 종교는 여자와 남자를 다르게 대했습니다. 예를 들어,

- 남자만 제사장이 될 수 있었습니다.
- 예루살렘 성전의 몇몇 장소는 여자가 들어갈 수 없었습니다.
- 월경 중인 여자는 정결★하지 않다고 여겨졌어요. 유대 율법은 월경 중인 여자와 접촉한 사람도 정결하지 않다고 했습니다. 그래서 여자들은 종종 월경 기간에는 공공장소에 나가는 것을 피했습니다.
- 아기를 낳은 여자도 7일 동안 정결하지 않다고 여겨졌습니다.

여성의 일

당시의 남성과 마찬가지로, 여성들은 주변 이웃을 잘 알고 지냈으며 서로 긴밀하게 일했습니다. 농장이나 시장에서 여성은 종종 다른 남성이나 여성과 함께 일을 했어요. 로마 문화에서는 여성이 자신의 사업을 운영할 수 있었고, 돈을 빌려주거나, 노예를 소유하거나, 철학을 공부하거나, 간호사나 교사가 될 수 있었습니다. 시골의 가난한 유대인 여성이 이 정도로 자유로움을 누렸는지는 명확히 알 수 없지만, 여성이 집이나 가까운 이웃의 범위를 넘어 활동했던 것은 거의 확실합니다.

가정에 속한 여성 노예는 보통 (주인의) 어린아이를 돌보거나 집안일을 했습니다. 농사일을 하는 노예는 논밭에서 일하거나, 천을 염색하거나, 수산물을 가공하는 일을 했습니다.

50세 정도로 나이가 든 여성은 대개 아이를 여섯 명 정도 낳았을 것입니다. 그중에서 두세 명만 살아남아 어른이 되었습니다.

여성은 보통 만 15세가 될 즈음 결혼했습니다.

가정생활

작은 마을이나 소도시에 사는 평범한 여성은 재료를 구입하고, 채취하고, 준비하고, 차리고, 치우며 식사와 관련된 모든 일을 했습니다. 일이 아주 많았죠. 가족의 식사를 위해 여성은 다음과 같은 일들을 해야 했습니다.

- 곡물을 빻아서 가루로 만들기. 반죽하기. 빵 굽기
- 가축의 젖 짜기. 치즈 만들기
- 요리용 불 관리
- 텃밭 작물 수확
- 시장에서 식재료 구매 또는 교환
- 가족 구성원들이 일터에 가져갈 소량의 아침 차리기. 가끔은 어제 남은 음식에 새로 구운 빵을 더하기
- 끼니 준비. 고기나 생선에 소금, 양파, 고수, 민트, 딜★ 등을 넣어 만든 스튜에, 빵, 치즈, 포도주, 과일도 함께 차리기. 빵은 스튜에 담가 먹기
- 내일도 이 모든 일을 다시 할 수 있도록 준비하기

부유한 사람들은 이러한 일을 노예에게 시켰습니다. 이런 일을 하는 노예는 대개 여성이었어요.

경제력

유대, 그리스, 로마의 문화는 모두 **가부장적**(patriarchal)이었습니다. 이 말은 그리스어로 '아버지가 다스린다'는 뜻이에요. 이 단어의 여러 의미 가운데는 남성이 규칙과 규범을 만들고, 여성은 남성의 힘과 지성과 도덕성과 통제에 의지한다는 의미도 있었습니다. 이러한 사회 체계에서 딸은 부담스러운 존재로 취급되었고 과부는 취약 계층이었습니다.

하지만 여성들이 이러한 체계에 늘 순응한 것은 아닙니다. 사업을 운영하는 여성도 있었고, 남편 없이 가정을 책임지거나 혼자 살아가는 여성도 있었어요. 물론, 돈이 있다면 이렇게 살기 더 쉬웠습니다. 하지만 남편이 없는 가난한 여자들에게는 선택지가 많지 않았어요. 이 때문에 예수님은 과부와 고아를 돌보는 것이 중요하다고 자주 말씀하셨습니다. 과부와 고아는 당시 문화에서 가장 취약한 사람들이었어요.

초기 기독교 운동은 여성이 명예롭고 중요한 지위에 오르거나 지도자가 될 수 있는 것으로 유명했습니다.

여성은 자녀의 결혼을 주선하는 일을 지원했습니다.

로마와 유대 문화에서 소녀와 여성은 정숙하고, 부지런히 일하며, 가족과 사회의 규율을 따르도록 요구받았습니다.

유대인의 달력

유대인에게 한 해는 시작과 끝이 있는 일직선이 아니라, 돌고 도는 계절을 따르는 원입니다. 농사를 짓고 가축을 기르는 사람들은 날씨와 땅의 변화에 대해 잘 알지요. 예수님 시대에도 이들은 날씨를 보고 그 날씨에 해야 하는 일을 하며 시간을 지켰습니다.

축제일과 토지

여러분은 추수를 하거나 씨앗을 심는 시기에 축제가 열리는 것을 알고 있을지도 모르겠네요. 이것은 우연이 아닙니다. 고대 유대인의 종교 축제들은 하나님께서 그들에게 주신 땅의 활력과 풍요로움에 걸맞게 그것을 축하하는 날이었어요.

풍성한 과일이 익어서 그것을 즐길 준비가 되면 새해가 시작되었어요. 로쉬 하샤나(Rosh Hashanah)는 포도주를 만드는 시간이기도 했답니다! 유대인의 달력에서 새해는 하나님이 주신 좋은 선물들을 실컷 먹고 축하하는 시간이었어요.

히브리어에서 달(month)의 이름은 바빌로니아 제국의 단어에서 유래했어요. 유대인들이 바빌론에서 유배 생활을 할 때 들여온 단어로, 예수님이 태어나시기 거의 600년 전부터 사용되었어요.

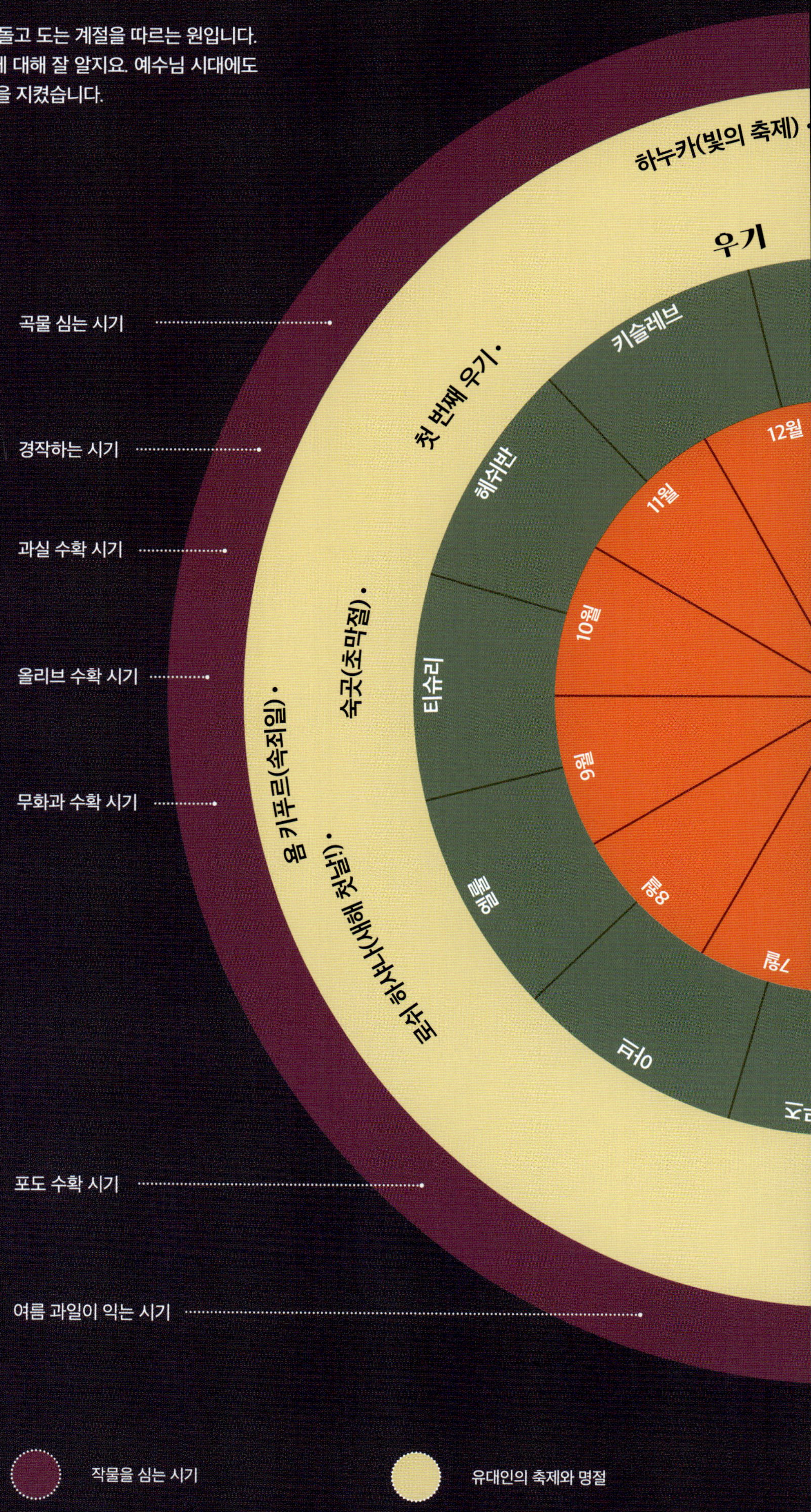

- 곡물 심는 시기
- 경작하는 시기
- 과실 수확 시기
- 올리브 수확 시기
- 무화과 수확 시기
- 포도 수확 시기
- 여름 과일이 익는 시기

● 작물을 심는 시기　　● 유대인의 축제와 명절

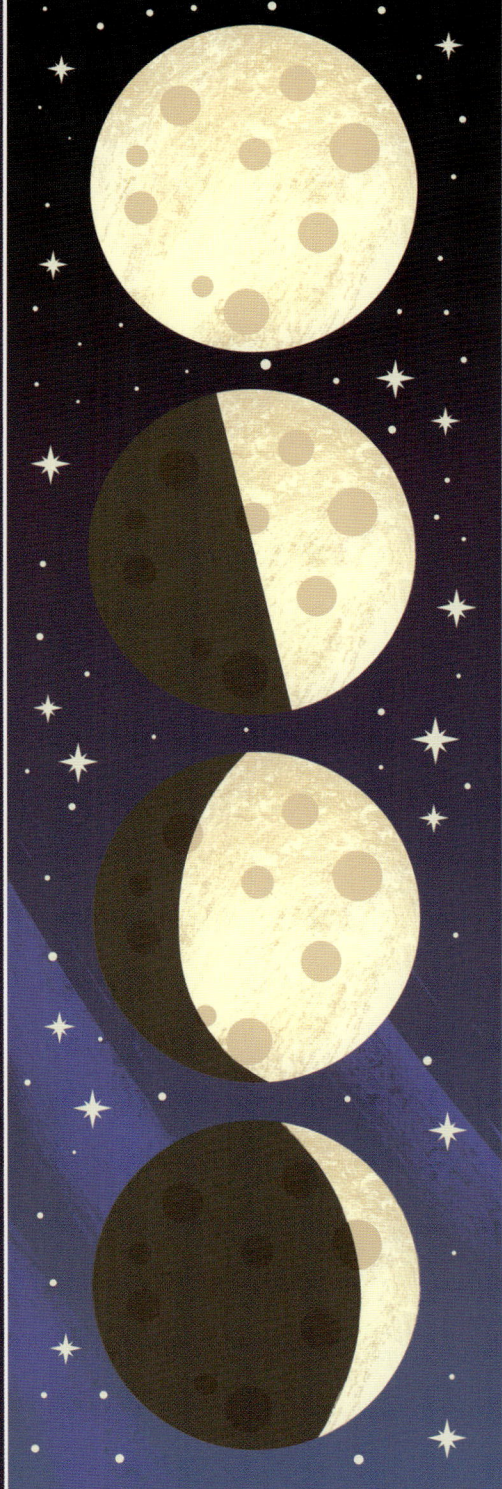

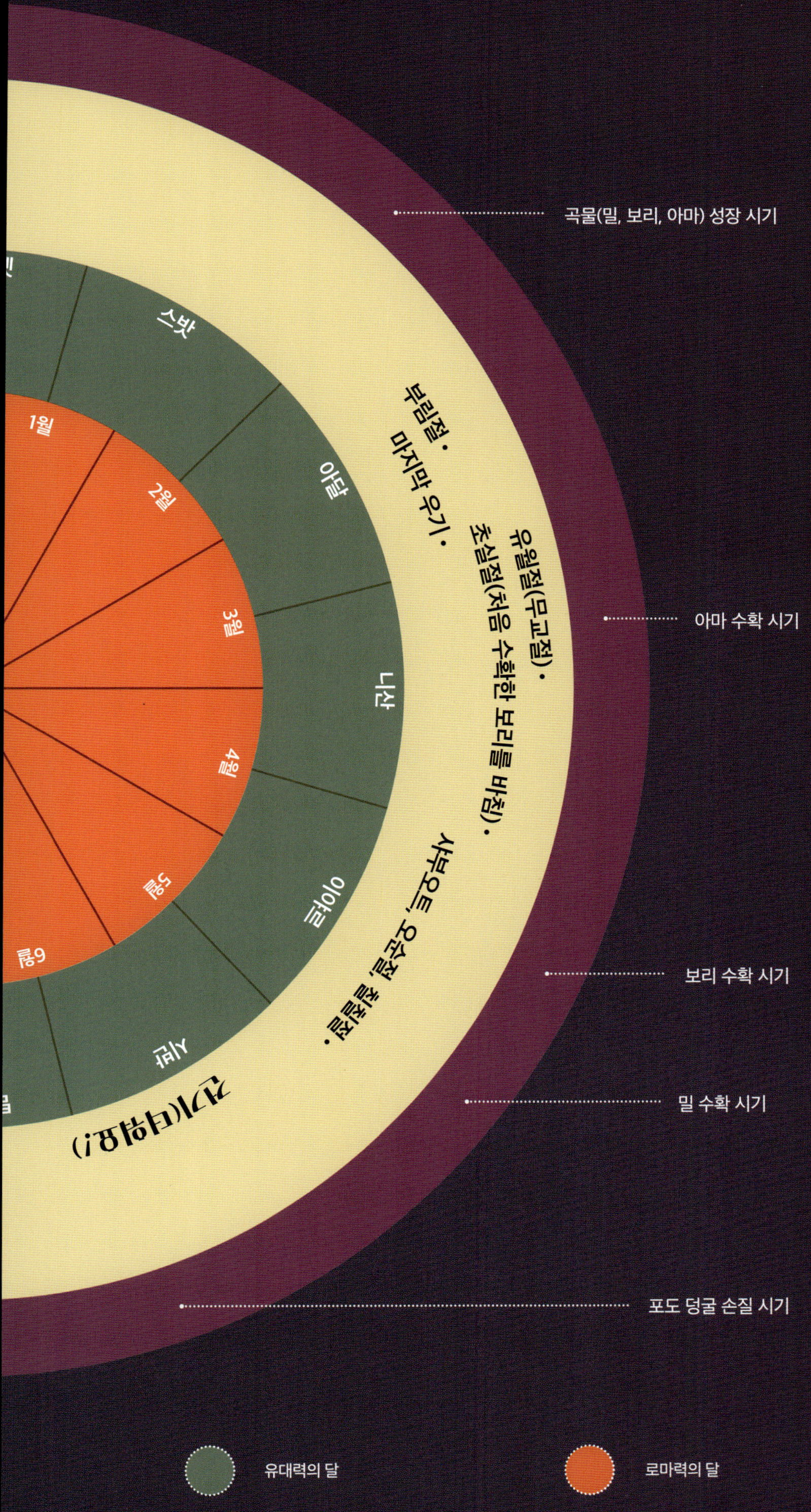
곡물(밀, 보리, 아마) 성장 시기
아마 수확 시기
보리 수확 시기
밀 수확 시기
포도 덩굴 손질 시기
1월
2월
3월
4월
5월
6월
스밧
아달
니산
이야르
시완
부림절·
마지막 우기·
유월절(무교절)·
초실절(처음 수확한 보리를 바침)·
샤부오트, 오순절, 칠칠절·
건기(더워요!)
유대력의 달
로마력의 달

달력 그리고 달

오늘날 우리는 로마 달력을 사용하는데, 이것은 양력입니다. 양력은 지구가 태양 주위를 공전하는 것에 따라 시간을 정합니다. 이와 달리 유대 달력은 음력이에요. 음력은 달의 자전에 따라 시간을 정합니다. 달이 한 번 회전할 때 걸리는 시간이 한 달의 30일 또는 31일과는 맞지 않아서(27일이나 28일에 가까워요), 3년마다 한 달을 추가해야 날짜가 맞습니다! 이렇게 추가된 달을 두 번째 '아달' 월*이라고 부르고, 봄에 더합니다. 한 달이 더해진 해는 '윤년'(pregnant year)이라고 해요.

예수님 시대에는 산헤드린 공회가 아달월을 언제 추가할지 정했는데요. 유월절이 봄의 거의 비슷한 시기에 지켜질 수 있도록 계획했어요.

산헤드린 공회

산헤드린 최고의회 또는 예루살렘 산헤드린은 유대 민족 가운데 가장 높은 종교적 권위와 통치 권한이 있는 유대 원로들(장로들)과 대제사장으로 구성된 70명의 모임이었습니다. 이들은 종교적 문제들에 관해 토의하고 해결하며, 토라 율법을 어긴 사람들을 심판했어요. 고대 이스라엘의 '대법원' 같은 곳이었습니다.

산헤드린 공회의 70명에 속하려면 진중하고, 현명하고, 박식하며, 훌륭한 외모에 장애가 없고, 최소한 40세 이상인 제사장 가문 출신의 남자여야 했습니다. 이들은 상당히 부유하거나 상류층 출신이었습니다.

산헤드린 공회는 성전 예식과 제사장들의 직무 수행을 감독했습니다. 그들은 성전 금고도 관리했습니다.

예루살렘 산헤드린 공회만 다음과 같은 권한을 행사했습니다.
- 유대인 왕을 재판에 회부
- 예루살렘과 성전의 경계 확장
- 토라 해석에 대한 문제 해결

예수님 시대에 산헤드린 공회는 사형선고를 내릴 권한이 없었습니다. 로마 당국만 사형선고를 내릴 수 있었어요.

각 지역의 도시마다 산헤드린이 있었습니다. 대부분은 규모가 작았고(보통 23명), 지역의 사안을 판단하기 위해 모였습니다. 이들은 '더 작은 산헤드린'이라고 불렸습니다.

산-히-드린은 '함께 앉음'이라는 의미입니다. '쉬네드리온'이라는 그리스어 단어를 히브리어식으로 쓴 용어입니다.

그렇다면 로마 정부는 어떤 일을 했을까요? 권한이 있다고 모든 것을 다 다스리는 것은 아닙니다. 고대 팔레스타인 지역의 로마 통치자들은 대부분 통제를 유지하고 세금을 걷는 데만 관심이 있었습니다. 이들은 지역의 유대인 지도자들에게 유대 사회 안에서 일어나는 논쟁을 해결하고 문제가 생기지 않게 관리하도록 권한을 주었습니다.

하나님의 명령으로 만들어진 최초의 산헤드린은 모세를 대제사장으로 삼았습니다(민 11:16을 보세요).

사두개인들과 바리새인들은 영향력과 지배권을 차지하려고 서로 자주 다투었습니다.

랍비
귀족
제사장
사두개인
바리새인

산헤드린의 수장을 **로쉬 하예쉬바**, '앉은 자들의 지도자'라고 불렀습니다.

산헤드린은 모든 구성원이 서로 볼 수 있도록 반원 모양으로 앉았습니다. 미국을 건국한 사람들이 상원 의회를 배치할 때 고대 산헤드린을 따랐다고 합니다!

예루살렘 산헤드린의 모임 장소는 '다듬은 돌의 전당'으로 불렸는데, 이곳은 성전 북쪽 벽을 깎아 만든 장소였습니다(성전 벽은 굉장히 두꺼웠거든요!). 이곳에는 성전 안으로 들어가는 문과 밖으로 나가는 문이 있었습니다. 이들은 종교 축제일과 안식일 외에는 매일 모여 여러 사안들에 대해 논의했습니다.

산헤드린은 모든 회원이 참석했을 때만 최종 결정을 내렸습니다.

예루살렘 성전

가장 거룩한 곳
유대인들은 하나님이 이곳에 머무르고 계신다고 믿었습니다. 대제사장 말고는 아무도 이 작은 방에 들어갈 수 없었고, 대제사장도 1년에 단 한 번만('욤 키푸르') 온 유대 민족의 죄에 대해 용서를 구하려고 이곳에 들어갔습니다. '지성소'라고 불린 이 방은 **완전히 비어** 있었습니다.

***가장 거룩한 곳

중앙 성소

이스라엘의 뜰
(유대인 남자만 출입 가능)
**더 거룩한 곳

희생 제사를
드리는 제단

여인의 뜰
(유대인이라면 누구나 출입 가능)
*거룩한 곳

이방인의 뜰
(누구라도 출입 가능)

전체 넓이는 14만 1,640제곱미터였습니다.

솔로몬의 행각. 예수님은 이 근처에서
사람들을 가르쳤습니다.

배수로. 희생 제사에 쓰인 동물의 피는 끊임없이 성전 밖으로 씻어 내야 했습니다. 이 배수로와 배수관은 엄청난 양의 물을 사용했습니다.

헤롯왕이 증축한 성전의 기초 벽은 아주 거대했습니다. 외벽 두께가 약 5미터에 달했고, 어떤 돌은 하나의 무게가 72톤이나 되었습니다!

성전에 관한 사실들
- 안토니아 요새에는 로마 군대가 있었습니다.
- 성전은 엄청난 돈을 소유한 은행이기도 했습니다. 12세 이상의 모든 유대인 남자는 매년 성전세로 반 세겔을 바쳤습니다.
- 성전에는 제사장만 들어갈 수 있는 구역들이 있었기 때문에, 헤롯왕은 성전을 수리하고 증축하기 위해 천 명 정도의 제사장을 석공과 건축 노동자로 훈련시켰습니다.
- 순례자들은 성전에 맨발로 들어갔습니다.

당연하게도 성전을 찍은 사진도 없고 1세기 사람들은 건축 도면도 그리지 않았으므로, 예루살렘의 대단한 성전이 어떤 모습이었는지 정확하게 알 수는 없습니다. 하지만 성전을 묘사한 글이나 지금 남아 있는 유적을 통해 그 모습을 어느 정도 추측해 볼 수 있어요. 우리가 성전에 대해 알고 있는 사실은 이것이에요. 중요한 곳이었고, 인상적인 모습이었으며, 완전히 파괴되었죠.

왕의 주랑. 이곳은 지붕으로 덮여 있었고 율법과 재정에 관련된 중요한 모임이 열렸어요.

이스라엘의 저수지는 성전과 도시에서 사용할 수천 리터의 물을 저장했습니다.

제사장의 뜰 (제사장만 출입 가능)

상인들은 (제사용) 동물과 음식물을 팔았고, 환전상들은 외국 돈을 은화인 반 세겔 동전으로 바꾸어 주었습니다. 반 세겔 동전은 제사에 바칠 수 있는 유일한 돈이었어요.

미문(아름다운 문)

멈추시오! 성전에서 유대인만 들어갈 수 있는 장소에 이방인이 들어가면 죽임을 당할 것이라는 (그리스어와 라틴어로 된) 경고문이 있었습니다.

성전 연대표

주후 70년
로마인들이 성전을 완전히 파괴했습니다.

주전 37년
이 지역의 실질적인 왕이었던 헤롯 대왕은 유대인들에게 통치자로 인정받기 위해 성전을 크게 보수하고 확장했습니다. 공사가 끝나는 데 80년이 걸렸습니다.

주전 507년
페르시아인들이 통치할 때, 그들의 허가를 받아 성전이 다시 건축되었습니다.

주전 587년
바빌로니아인들이 성전을 파괴했습니다.

주전 1000년
솔로몬왕이 첫 번째 성전을 지었습니다.

희생 제사

성전은 유대 종교의 중심이었습니다. 신실한 유대인은 유대 지방, 갈릴리, 그리고 로마 제국의 전 지역에서 성전까지 1년에 세 번 순례를 왔습니다. 성전의 제사장들은 이들이 하나님과 바른 관계를 유지하도록 쉬지 않고 희생 제사를 드렸어요.

토라의 가르침에 따라 신실한 유대인은 제사장이 희생 제물로 바치는 동물뿐만 아니라 돈, 곡식, 기름, 밀가루를 제사로 바쳤습니다.

- 부자들은 황소를 희생 제물로 바칠 수 있었어요.
- 덜 부유한 가족은 어린 양을 가져왔어요.
- 가난한 사람들은 비둘기를 바쳤어요.

희생 제사는 때로는 바쳐진 동물 전체를 태우기도 했고, 때로는 동물의 일부만 태워서 (하나님께) 바치고 남은 것은 제사장이나 동물을 가져온 사람이 먹었습니다. 제사장은 희생 제물로 바쳐진 동물의 피를 제단 위에 뿌렸습니다.

예수님이 알았던 성경*

*성경은 영어로 바이블(Bible)이라고 하는데, 이 단어는 '책'을 뜻하는 라틴어와 그리스어에서 유래했습니다. 하지만 예수님과 그 시대 사람들에게 책은 표지가 있고 여러 페이지가 한 권으로 묶여 있는 형태가 아니었습니다. 점토판*을 사용한 시기와 여러 쪽이 한 권으로 묶여 있는 형태의 책을 사용한 시기 사이에 생산된 많은 고대 문서들처럼, 유대인의 경전도 두루마리 형태였습니다. **경전**이란 어떤 종교의 신성한 문서를 가리키는 말로, 대개 신의 영감을 받은 것으로 여겨졌습니다.

창세기, 출애굽기, 레위기, 민수기, 신명기

토라는 다른 말로 가르침, 율법, 모세의 책, **오경**(Pentateuch: 그리스어로 '다섯 개의 두루마리'라는 뜻입니다)이라고도 합니다. 모든 유대인에게 가장 중요한 경전이었어요. 토라는 기독교의 구약 맨 앞에 있는 다섯 권의 책으로 이루어져 있습니다. 이 책들에는 하나님이 유대 백성에게 끊임없이 신실함을 보이신 이야기가 담겨 있어요. 또한 어떻게 살아야 하는지, 어떻게 예배를 드려야 하는지, 어떻게 하나님과 (바른) 관계를 맺을 수 있는지에 대한 하나님의 율법이 담겨 있습니다.

고대 팔레스타인에는 모든 유대 공동체마다 토라 두루마리가 있었어요. 유대인들은 매주의 안식일과 모든 종교적 축제일마다 토라를 읽었습니다. 다른 신실한 유대인 남성과 마찬가지로 예수님도 토라를 잘 알고 있었습니다. 예수님은 어린 시절부터 토라를 공부하고 토라에 대해 토론을 했어요.

예언서

예수님 시대의 많은 유대인들은 히브리인 선지자들이 썼거나 그들에 관해 쓴 책들을 읽고 공부했습니다. 이 책들 중 일부는 구약성경이 되었지만, 나머지는 영원히 소실되었습니다. 선지자들은 여자도 있고 남자도 있었으며, 이스라엘의 역사에서 줄곧 백성을 심판하고 위로하는 하나님의 말씀을 전했습니다. 예수님은 선지자들의 글을 유대 경전의 일부로 받아들였던 것 같습니다. 예수님은 예언서들 중 하나인 이사야서를 종종 인용했고, 때로는 '율법과 선지자들'을 언급하기도 했어요.

읽기
- 토라는 사람들이 있는 곳에서 큰 소리로 읽히고, 설명되고, 토론되어야 했습니다.
- 사두개인들은 토라만 유일한 경전으로 받아들였습니다.
- 예수님은 구약 중에 신명기를 가장 자주 인용했습니다(예를 들어, 신 6:5을 읽은 다음 마 22:37을 보세요).
- 읽는 사람은 일어나서 읽었고, 듣는 사람도 서서 들었습니다.
- 많은 회당 예배에 예언서와 성문서를 읽는 순서가 있었을 것입니다.
- 예수님 시대 회당에서의 읽기에 관해서는 누가복음 4:16-30에 있는 이야기를 보세요. 예수님은 이사야서가 기록된 두루마리를 읽으신 뒤 열왕기에 있는 이야기들을 언급하셨습니다. 예수님의 가르침을 들은 사람들은 예수님을 좋아하지 않았어요. 심지어 예수님을 절벽에서 밀어 떨어뜨리려고 했어요!
- 예수님은 히브리어로 쓰인 경전을 그리스어로 번역한 책에 대해 알고 있었을 것입니다. 예수님이 태어나기 300년 전부터 알렉산드리아와 이집트에 있는 랍비들이 번역한 것이었죠.

두루마리는 보통 동물의 가죽으로 만들었습니다. 동물 가죽을 액체에 담가 두었다가 표면을 잘 긁어낸 뒤 팽팽하게 펴면 얇고 오래 보존되는 양피지가 되었습니다. 보통 송아지나 양 또는 염소의 가죽을 사용했습니다. 고대 바빌론이나 시리아의 토라 두루마리 중에는 사슴 가죽으로 만든 것도 있었습니다. 식물로 만든 종이의 한 종류인 **파피루스** 두루마리도 있었어요.

성문서

다섯 권의 토라와 선지자들이 쓴 예언서 외에도 1세기의 유대인들은 다른 문서들을 알고 있었고 소중히 여겼습니다. 유대 종교 전통에서 중요한 위치를 차지했던 이 문서들은 1세기 사람들에게도 이미 오래전 기록된 고대 문서였습니다.

- 시편: 애도와 찬양과 예배의 노래, 기도, 시
- 잠언: 지혜 격언들
- 아가(솔로몬의 노래): 사랑시
- 영웅들 이야기: 룻, 욥, 에스더, 다니엘, 그리고 이스라엘 왕들의 이야기

쓰기

- 사람들은 토라 두루마리를 손으로 직접 필사했습니다. 토라는 히브리어로 쓰였고 오른쪽에서 왼쪽으로 읽습니다. 예수님 시대에 있던 두루마리들 중에 일부분이 그리스어나 아람어로 된 것들도 있었을 수 있습니다.
- 토라 두루마리 하나에는 거의 30만 5천 개의 글자가 있습니다.
- 토라 두루마리 전체를 필사하려면 (하루에 여섯 시간씩 해도) 거의 1년이 걸립니다.
- 서기관들은 뾰족하게 다듬은 갈대를 필기구로 사용해 두루마리를 필사했습니다. 서기관들은 대체로 크게 존경받는 학자들이었습니다. 고대에 글쓰기는 익힌 사람이 드문, 가치 있는 기술이었습니다.
- 1세기에 유대인 학자들과 랍비들은 어떤 문서를 공식적인 경전으로 삼아야 할지 논쟁을 벌였습니다. 토라는 만장일치로 동의를 받았고요. 정경 목록이 최종 확정되기까지는 그 후로도 100년이 넘게 걸렸습니다.

십자가 처형

아주 끔찍한 공식 처형 방법

로마법에 따르면 강도, 탈영병, 반역자, 반란 주도자는 십자가형에 처할 수 있었습니다. 예수님은 로마 정부에 대항해 반란을 일으켰다는 이유로 십자가에 못 박히셨어요. 노예 소유주에게도 반항하거나 명령을 따르지 않는 노예를 십자가로 처형할 수 있는 권한이 있었어요. 유죄 판결을 받은 죄수들은 공공장소에서 나무로 만든 십자가에 묶이거나 못 박혔고, 그들이 천천히 죽어 가는 모습을 사람들이 볼 수 있었어요. 십자가에 매달린 사람은 보통 질식사로 죽었는데, 가슴 근육에 경련이 일어나 숨을 쉴 수 없게 되기 때문입니다.

십자가형은 다음과 같은 목적으로 실행되었습니다.
- 고통을 주기 위해
- 공포심을 주기 위해
- 굴욕감을 주기 위해

죄수를 십자가형에 처하는 방식은 로마인이 고안해 낸 것이 아니었습니다. 유대인을 비롯해서 고대의 다른 문화에도 십자가형과 비슷한 공개 처형 제도가 있었어요. 예수님 시대의 유대인들은 십자가형을 '나무에 매달림'이라고 불렀습니다.

범죄자를 처형하는 다른 방식들

돌팔매질: 성경에서도 승인된 사형 방식으로, 하나님께 죄를 지은 사람들이 대개 이 방식으로 처형당했어요. 여러 명이 집단으로 한 사람에게 돌을 던져 죽음에 이르게 하는 방법이었습니다. 이때 돌을 던진 사람은 죽음에 아무 책임을 지지 않았어요. 돌에 맞아 죽음에 이르기까지는 보통 오랜 시간이 걸렸어요.

경기장(아레나): 유죄 판결을 받은 죄수는 때로 큰 도시로 끌려가 공식 경기에서 검투사로 싸워야 하는 처벌을 받았습니다. 검투사는 대개 다른 검투사나 맹수에게 죽임을 당했어요.

화형: 십자가형과 마찬가지로 사람들 앞에서 불태워 죽이는 화형은 잠재적 범죄자들을 향한 무서운 경고가 되었습니다.

교수형: 이 방식은 죄수를 빨리 죽게 하는 인도적 방법으로 여겨졌습니다. 귀족이나 로마 시민이 사형을 당할 때 종종 사용된 방법이었습니다.

참수형: 죄수의 목을 빠르게 자르는 처형 방식이었습니다. 잘린 목은 경각심을 주기 위해 눈에 띄는 장소에 두었어요. 적을 제압하고 승리를 거두었다는 것을 전시하는 목적으로 활용되었습니다. 세례 요한이 참수형을 당했어요.

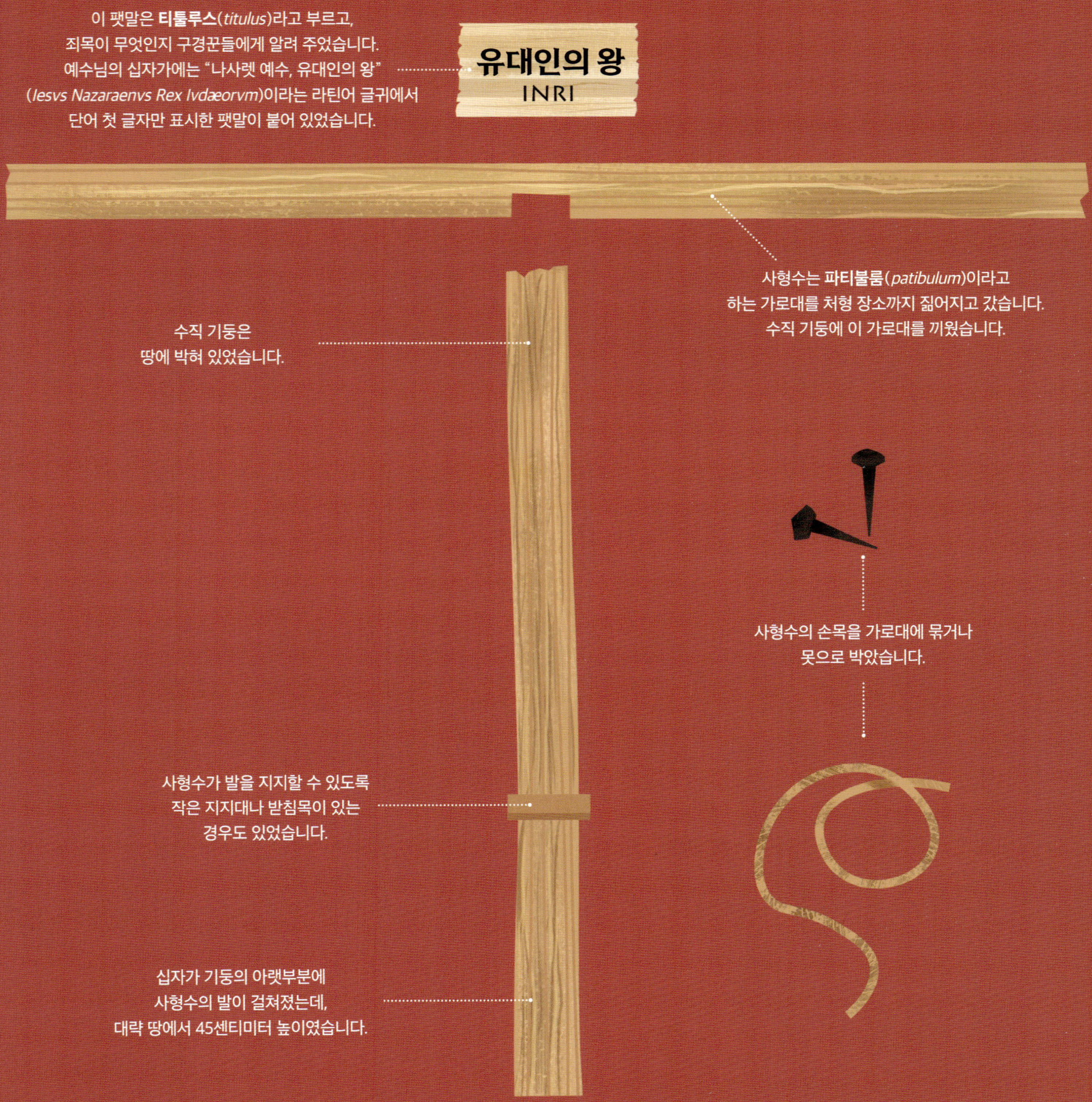

이 팻말은 **티툴루스**(*titulus*)라고 부르고, 죄목이 무엇인지 구경꾼들에게 알려 주었습니다. 예수님의 십자가에는 "나사렛 예수, 유대인의 왕" (*Iesvs Nazaraenvs Rex Ivdæorvm*)이라는 라틴어 글귀에서 단어 첫 글자만 표시한 팻말이 붙어 있었습니다.

유대인의 왕
INRI

수직 기둥은 땅에 박혀 있었습니다.

사형수는 **파티불룸**(*patibulum*)이라고 하는 가로대를 처형 장소까지 짊어지고 갔습니다. 수직 기둥에 이 가로대를 끼웠습니다.

사형수의 손목을 가로대에 묶거나 못으로 박았습니다.

사형수가 발을 지지할 수 있도록 작은 지지대나 받침목이 있는 경우도 있었습니다.

십자가 기둥의 아랫부분에 사형수의 발이 걸쳐졌는데, 대략 땅에서 45센티미터 높이였습니다.

종류는 다양하지만 효과는 같은 십자가 형틀

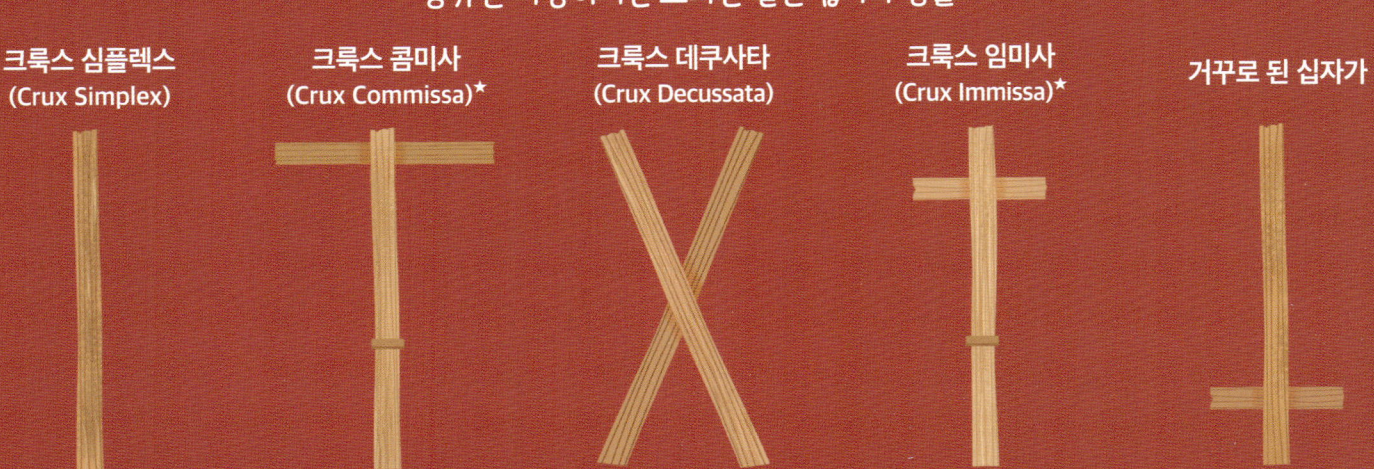

크룩스 심플렉스 (Crux Simplex) 크룩스 콤미사 (Crux Commissa)* 크룩스 데쿠사타 (Crux Decussata) 크룩스 임미사 (Crux Immissa)* 거꾸로 된 십자가

죽음과 매장

고대 세계에서 죽음은 매일 만나는 현실이었습니다. 부유하든 가난하든 사람들은 병에 걸리고 죽었고, 그러면 누군가가 그 시신을 수습해야 했습니다. 보통은 가족이 맡았지만, 먼 타지에 있는 군인처럼 주변에 가족이 없는 사람은 장례 협회에 가입해서, 자신이 죽었을 때 장례가 제대로 치러질 수 있도록 준비했습니다. 사후 처리나 매장의 세부적인 방식은 민족이나 종교의 전통에 따라 달랐습니다.

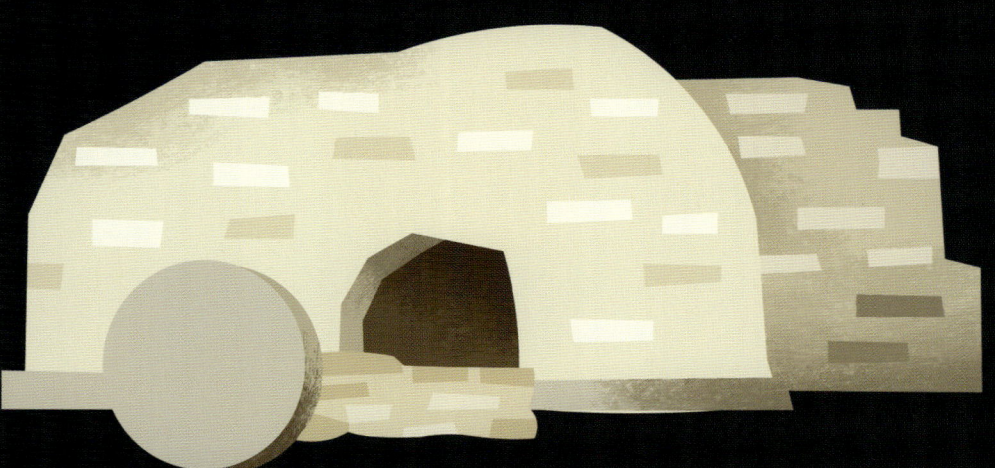

유대인의 방식

유대 민족은 시신을 매장했습니다. 예루살렘 근방에 있는 무덤은 석회암 절벽을 깎아 만들었고, 작은 출입구에는 사각형 모양의 돌을 '마개'로 끼우거나 둥근 돌판을 굴려 막았습니다. 예수님도 이 방식으로 매장되었습니다.

가난한 사람들의 시신은 천으로 싸서 얕은 구덩이에 묻었습니다. 유대인들은 관을 사용하지 않았고 시신을 보존하기 위한 방부 처리도 전혀 하지 않았습니다. 그 대신에 가느다란 천 조각이나 아마포로 만든 **수의**로 시신을 쌌습니다. 장례식과 매장은 죽은 지 하루 안에 행해야 했지만, 안식일에는 장례를 치를 수 없었습니다.

유대교에서는 나그네의 장례를 제대로 치러 주는 것을 선한 행동이라고 여겼습니다. 굶주린 사람에게 음식을 주거나 옷이 없어 벌거벗은 사람에게 옷을 주는 것과 마찬가지로요.

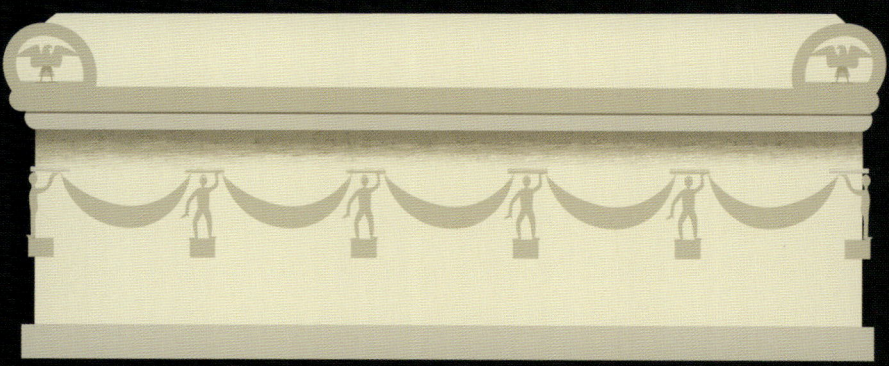

그리스와 이집트의 방식

그 당시 세계의 다른 민족들은 소금이나 허브를 사용해 시신에 **방부 처리**(보존)를 했습니다. 이집트인들은 환생을 대비하여 귀족의 시신에 꼼꼼하게 방부 처리를 하기로 유명했습니다. 그리스인과 이집트인은 무늬가 새겨지거나 장식을 한 석관(**사르코파구스**라고 부릅니다)을 무척 좋아했습니다. 부자의 시신을 매장할 때는 성대하게 장례식을 치르고, 많은 경우 옷과 음식과 도구들을 시신과 함께 매장했습니다. 죽은 사람이 다음 생에 이런 것들을 필요로 할 것이라고 믿었기 때문이죠. 여러분도 예상할 수 있듯이, 가난한 사람의 시신은 수수한 천으로 싸서 얕은 구덩이나 구멍에 매장했습니다.

- 부유한 가문에는 여러 세대가 죽은 뒤 함께 거할 수 있는 가족묘가 있었습니다. 무덤 안에 있는 선반에 시신을 두었다가 1년이 지나면 가족들이 뼈를 수습해서 **유골 단지**(ossuary)라고 부르는 돌로 만든 상자에 잘 넣었습니다. 이렇게 하면 가족묘에 다른 시신을 둘 자리가 생겼지요. 돌을 깎아 만든 유골 단지는 넓이가 60센티미터, 깊이가 38센티미터가량 더 되었습니다.

무덤들이 모여 있는 곳을 **네크로폴리스**(necropolis)라고 불렀는데, 이는 '죽은 자들의 도시'라는 뜻의 그리스어입니다.

- 예수님이 알았던 유대 경전에는 죽은 사람들이 어떻게 되는지에 대한 언급이 많지 않습니다. 하나님은 살아 있는 자들의 하나님이시고 죽으면 살아 있는 가족 구성원과의 관계에서 끊어지므로, 히브리 경전은 죽은 사람이 하나님과의 관계에서도 끊어진다고 여겼습니다. 대다수의 유대인들은 죽으면 끝이고, 죽은 사람들은 스올이라고 불리는 어두침침하고 활기 없는 곳에서 지낸다고 믿었습니다. 사후 세계와 죽은 뒤 머무는 장소에 대한 개념은 그리스인과 로마인과 이집트인을 포함한 다른 문화권에서 들어와 유대인의 사고와 믿음에 스며들었습니다.

예수님 시대의 유대인 학자들은 하나님이 죽은 사람을 살려 내어 어떤 식으로든 계속 존재하게 하실 수 있는지에 대해 논쟁을 벌였습니다. 바리새인들은 이런 종류의 부활을 믿었고, 사두개인들은 믿지 않았습니다. 예수님은 바리새인과 같은 생각을 분명히 표현하셨어요.

로마의 방식

1세기의 로마인들은 시신을 태우는 **화장**을 했습니다. 화장은 시신이 잘못 건드려지는 것을 막는 방식이었습니다. 시신을 태우고 남은 재와 유골 조각들은 잘 모아서 포도주에 담가 항아리나 상자에 넣었습니다. 이것을 땅에 묻거나 **콜룸바리움**(유골 보관 장소)에 보관하기도 했지요. 무덤을 도굴하거나 시신의 뼈를 흩트리는 것은 중범죄였습니다. 로마인들은 사람이 죽은 날부터 8일을 기다린 뒤 장례를 치렀습니다.

중동 문화권에서는 시신이 매장되지 않고 방치되어서, 야생 동물과 새들이 뜯어 먹고 흩트려 놓는 것이 아주 두려운 일이었습니다. 고대 메소포타미아에서는 상대를 저주할 때 이렇게 말했어요. "땅이 그대의 시체를 받아들이지 않기를!"

질병

고대인들도 오늘날 사람들과 마찬가지로 병들고 아팠습니다. 그런데 이들은 질병의 원인과 치유에 대해 우리와는 아주 다르게 생각했어요.

질병에 관한 고대인들의 네 가지 관점

고대 팔레스타인 지역의 사람들과 집단들은 다음의 네 견해가 혼합된 다양한 관점을 가지고 있었어요.

하나님과의 관계에 문제가 있다. 그 관계를 바르게 할 필요가 있다.

기본적으로 유대인은 하나님이 최고의 치유자이시므로 하나님과 영적으로 멀리 떨어지면 병에 걸린다고 생각했습니다. 따라서 질병은 하나님과의 관계에 문제가 있음을 알려 주는 표시인 것이지요. 유대인들은 **회개**(잘못된 행동을 뉘우치고 하나님께 되돌아가는 것)와 용서와 치유가 모두 연결되어 있다고 생각했어요. 그래서 예수님은 자주 치유받고 용서받은 사람에 대해 말씀하셨습니다.

악한 영이 몸 안에 있다. 악한 영을 쫓아내야 한다.

고대인은 정신질환을 현대인과는 다르게 이해했습니다. 신체에 명백한 문제가 없는 질병은 귀신이나 악한 영 때문에 생긴다고 믿었습니다. 이러한 상태에서 낫기 위해서는 **축귀**(exorcism)를 해야 했어요. 이것은 악한 영에게 아픈 사람에게서 나가라고 내쫓거나 미끼를 던지거나 속이거나 꾀어내거나 명령할 수 있는 사람이 행하는 의식이었습니다. 마가복음은 예수님을 귀신을 내쫓는 강력한 분으로 묘사합니다.

신들을 화나게 했다. 화난 신들을 달래야 한다.

로마 종교는 수많은 신과 신적인 세력들이 있다고 믿었습니다. 그중에는 바람, 불, 물 같은 세상을 구성하는 요소들도 포함되었습니다. 누군가 아프다면 신들의 마음을 누그러뜨리고 호의를 얻기 위한 제사를 드렸습니다. 그러면 병이 나을 거라고 소망하면서요.

몸의 구성 요소가 제대로 돌아가지 않아서다. 이것을 바로잡으면 된다.

고대 그리스의 의사인 히포크라테스는 건강과 질병이 귀신이나 신 때문에 생긴다는 믿음을 받아들이지 않았습니다. 히포크라테스는 열기와 한기, 휴식과 운동 사이에 균형이 잘 잡히고, 충분한 영양을 섭취하며 바른 생활을 유지하면 건강해진다고 가르쳤습니다. 어디서 많이 듣던 말이지요?

의료

예수님 시대에는 병을 고치기 위해 주술과 종교를 사용하는 **신앙 요법 치료사**들이 있었습니다. 수술과 약 처방 등을 통해 사람이 낫는 데 도움을 주려고 노력한 **의사**들도 있었고요. 의사들은 피 뽑기, 땀 흘리기, 찬물 목욕 같은 처방을 내리기도 했습니다. 치료자들은 상처를 낫게 하고 주요 통증을 치료하기 위해 낙타 오줌이나 호저*의 피 같은 치료약을 사용했습니다.

- 상처를 완화시키고 치유하기 위해 올리브기름을 발랐습니다(눅 10:34).

- 포도주와 꿀은 소독 효과(감염을 억제하는 효과)가 있습니다.

- 침에도 치유 효과가 있다고 여겨졌습니다(요 9:6).

포도주

꿀

올리브기름

물

주술

고대 세계에서 주술사들은 단순한 예능인* 이상이었습니다. 그들은 인생의 큰 문제들에 신비로운 해결책을 주겠다고 주장했습니다. 예수님 시대의 사람들은 주술에 관심이 많았고, 특히 질병, 나쁜 날씨, 애정, 적들의 운명처럼 삶에서 예측할 수 없는 것을 통제할 수 있다는 주장에 큰 관심을 보였습니다.

주술사들은 주술을 부리거나 특별한 부적과 약물을 만들어 돈을 벌었습니다. 돈이나 부탁을 받아서 주문을 외거나 써 주기도 했습니다. 부적이나 주문이 정말 효과가 있었는지는 알 수 없지만, 1세기에 살던 사람들의 상상력을 사로잡은 것은 확실합니다.

그러면, 예수님과 주술은 어떤 관련이 있을까요?

마법의 물약

주술사들은 종교적인 사람들에게는 별로 인기가 없었습니다. 히브리어 성경에는 주술이라는 말이 나오지 않지만, **요술**(다른 사람을 조종하기 위해 주술을 사용하는 것)이나 **강령술**(죽은 사람과 대화하기 위해 주술을 사용하는 것)을 사용하는 이들을 악하다고 여겼습니다.

뼈들

고대의 전통은 지혜로 유명한 솔로몬왕이 비밀스러운 지식과 주술에 관한 지식과도 관련이 있다고 전합니다.

주술사들은 찾을 수 있는 주술이라면 무엇이든 찾아다녔습니다. 주문에 강력한 신들의 이름을 추가하기도 했습니다. 심지어 이스라엘의 하나님 이름까지도요!

글리프스(glyphs)라 부르는 비밀스러운 상징과 문양을 그려 넣은 마법의 돌

예수님이 기적을 행했다는 이유로, 어떤 사람들은 예수님을 주술사라고 비난했습니다. 그들은 예수님의 치유 능력이 사탄이나 바알세불이라는 귀신에게서 온 것이라고 말했습니다(막 3:20-35을 보세요).

주술의 힘을 가진 반지

악한 눈*을 피하기 위한 부적

기적

성경은 기적을 표적 또는 능력의 역사라고 부릅니다. 이것은 합리적으로 설명할 수 없는 놀라운 일을 행하시는 하나님의 능력을 보여 줍니다. 구약성경과 유대 전통에서 기적은 하나님의 강력한 힘을 나타내는 것입니다. 기적은 특히 경건한 사람이 간구할 때 자주 일어납니다. 구약성경에서 기적을 일으킨 사람 중에는 엘리야와 엘리사가 있습니다.

주술사가 주술로 돈이나 명성을 얻는 것과는 달리, 성경의 기적은 병을 치유하거나, 먹을 것을 주거나, 죽은 사람을 살리는 등 다른 사람을 돕는 것이었습니다.

귀신을 쫓아냄
(막 5:1-20)

피가 멈추지 않는 여자를 치유함
(막 5:25-34)

예수님은 기적을 행하셨지만 고대의 주술사와는 달랐어요. 예수님은 대가를 요구하지 않으셨고, 주문이나 주술 도구도 사용하지 않았습니다. 하나님의 힘으로 다른 사람을 치유하고 도와주셨습니다.

5천 명을 먹임
(마 14:13-21)

물을 포도주로 만듦
(요 2:1-11)

예수님을 따라다녔던 사람들은 아픈 사람이 낫는 기적들을 보고 하나님의 힘이 예수님을 통해 나타났다고 이해했어요.

예수님의 말씀과 예수님이 살았던 세계

예수님은 역사의 특정한 시간 동안 구체적인 장소에서 살았던 진짜 사람이었습니다. 예수님은 음식을 먹고, 옷을 입고, 길을 걷고, 잠을 자며 삶을 경험하셨습니다.

앞으로 여러분이 예수님과 제자들, 그들이 만났던 사람들에 대한 이야기를 읽거나 들을 때, 이 책에서 알게 된 것을 떠올려 보세요. 이제 여러분은 성경 속 사람들이 어떤 삶을 살았는지, 그리고 심지어 그들이 아침 식사로 무엇을 먹었는지까지 조금은 알게 되었습니다!

예수님이 살았던 세계에 대해 더 많이 알수록 여러분은 분명 더 똑똑해질 것입니다. 그뿐 아니라 이러한 지식은 예수님이 양, 겨자씨, 돈에 대한 이야기를 하실 때 무슨 말을 하시려던 것인지도 알 수 있게 도와줍니다. 예수님은 그분의 친구들과 다른 사람들에게 하나님이 어떻게 일하시는지 알려 주기 위해 일상 생활에서 접하는 대상들을 사용하셨습니다. 이렇게 해서 예수님은 하나님을 따르는 일이 잊혀진 것들에 주목하고, 무시당하는 사람들을 돌보고, 권력과 영향력에 대한 생각을 뒤집는 것임을 보여 주셨습니다. 예수님은 자신의 삶과 죽음과 부활을 통해 하나님에 대한 생각에 생기를 불어넣으셨습니다. 모든 사람에게 하나님이 누구신지, 그리고 어떤 일을 하시는지 보여 주시면서요.

곳간과 곡식 (눅 12:16-21)

노예 (마 18:21-35)

꽃과 새 (마 6:25-31)

포도주 (눅 5:37-38)

집 짓는 사람과 건축 일 (눅 6:47-49)

일용직 노동자 (마 20:1-16)

도둑 (마 24:42-44)

포도원 (막 12:1-8)

과부와 재판관 (눅 18:2-8)

씨 뿌리기 (막 4:3-8, 14-20)

무화과나무 (눅 13:6-9)

예수님은 가르치실 때 주로 비유를 사용하셨습니다. 예수님과 예수님 시대의 랍비들은 평범한 매일의 경험, 장소, 물건, 사람이 등장하는 이야기로 사람들을 가르쳤어요. 여러분이 이 책에서 읽은 내용의 많은 부분이 예수님의 비유에 나옵니다.

예수님의 비유 대다수는 신약성경의 맨 앞에 있는 마태복음과 마가복음과 누가복음에 나옵니다. 이 세 권과 요한복음을 **복음서**라고 불러요. 복음서들은 모두 예수님의 생애에 대한 이야기를 담고 있어서 서로 겹치는 내용도 있습니다. 누가복음에는 24개의 비유가 있는데 그중 18개는 다른 복음서에 나오지 않아요. 마태복음에는 23개의 비유가 있고, 그중 11개는 다른 복음서에 나오지 않지요. 마가복음에는 8개의 비유가 있고, 그중 2개는 다른 복음서에 나오지 않아요. 요한복음에는 예수님의 비유가 하나도 없답니다.

자, 그럼 이제 여러분이 직접 복음서를 읽어 보세요! 예수님에 관한 이야기들과 예수님이 하신 이야기들, 그리고 예수님이 언급하신 사물들에 대해 읽고 생각해 보세요. 꾸준히 읽으세요! 탐구를 계속하고, 배우기를 멈추지 마세요!

옮긴이 설명

 중동(Middle East)
유럽을 기준으로 바라본 명칭으로, 이 지역을 '서아시아'(West Asia)라는 이름으로 부르기도 합니다.

주전(BCE 혹은 BC)과 주후(CE 혹은 AD)
예수님이 태어나신 해를 기준으로 연도를 세는 방법으로, 오늘날 널리 통용되는 방식입니다. 예수님이 태어나시기 이전은 '주전'(혹은 기원전)으로, 숫자가 높을수록 더 오래전을 가리킵니다. 예수님이 태어나신 해부터 '주후'(혹은 기원후)로 셉니다.

 마그나카르타(Magna Carta)
대헌장이라고도 합니다. 잉글랜드 왕국의 국왕이 지닌 권한을 제한한 문서입니다.

 소농(peasant)
장인이나 어부도 농사를 지었습니다. 이들은 가족노동을 통해 자급자족했던 사람들입니다.

 지대(地代, rent)
토지 사용의 대가로 토지 소유자에게 지급하는 돈이나 물건을 가리킵니다.

 요일 이름
지금처럼 '월요일', '화요일'이 아니라 그저 '첫째 날', '둘째 날' 같은 식으로 불렀습니다.

 헤롯(Herod)
우리나라로 설명하면 김씨, 이씨, 박씨 같은 것입니다.

 켄투리온(centurion)
우리말 성경에서는 '백부장' 또는 '백인대장'이라고 번역되었습니다.

 레위기 19장
이곳에 인용한 성경 구절은 새번역의 표현을 따랐습니다.

 도로 경계석(Curb stone)
연석, 즉, 차도와 인도 사이의 경계가 되는 돌을 가리킵니다.

 승리의 여신 니케(Nike)와 요단강(Jordan)
유명한 브랜드인 나이키(Nike)의 조던(Jordan) 운동화를 가리키는 농담입니다.

담수호(freshwater lake) — 32쪽

소금기가 없는 민물 호수를 가리킵니다.

 정어리(sardine) — 33쪽

민물 정어리는 바다에서 잡히는 정어리와는 다른 것입니다.

 접지(slip) — 35쪽

다른 포도나무 가지를 잘라 기존의 포도나무에 꽂는 방식을 가리킵니다.

 리크(leek) — 37쪽

큰 파처럼 생긴 채소입니다.

 정결(pure) — 40쪽

위생적으로 더럽다는 의미가 아니라, 종교 의식에 부적합하다는 뜻입니다.

 딜(Dill) — 41쪽

미나리 과에 속하는 속씨식물로 향신료로 쓰였습니다. 아니스(Anise)라고도 합니다.

 아달월(Adar) — 43쪽

우리나라에서는 윤달이라고 합니다.

 점토판(clay tablet) — 48쪽

흙으로 구워 만든 평평한 판을 가리킵니다.

크룩스 콤미사(Crux Commissa) — 51쪽

두 개의 기둥을 써서 T자 모양으로 만든 것으로, 우리가 일반적으로 아는 십자가입니다.

크룩스 임미사(Crux Immissa)

가로 기둥을 '삽입했다'는 뜻으로, 세로 기둥의 꼭대기가 가로축보다 조금만 튀어나와 있는 십자가입니다.

 호저(porcupine) — 55쪽

뻣뻣한 가시털을 가진 동물입니다. 고슴도치보다 훨씬 큽니다.

 예능인(entertainer) — 56쪽

노래나 춤 등의 재주로 사람들에게 즐거움을 주는 사람을 가리킵니다. 오늘날로 치면 연예인과 비슷하겠네요.

악한 눈(evil eye)

고대인은 사람을 사악한 눈초리로 보면 그 사람에게 해를 입히거나 저주를 걸 수 있다고 믿었습니다.

마크 올슨 Marc Olson

신학자이며 전직 목사입니다. 퍼시픽 루터란 대학교에서 순수 예술 학사 학위를 받고, 루터 신학교에서 목회학 석사 학위를 받았습니다. 2007년에 신학교에서 국제 설교 장학 기금(Seminary's International Preaching Fellowship)을 수상하여 1년 동안 가족과 탄자니아, 이스라엘, 팔레스타인에 가서 공부하고 가르쳤습니다. 미국 미네소타주 세인트폴에서 아들 시구르와 애견 브루스(바셋하운드종)와 함께 살고 있습니다. 쓰레기 트럭도 운전합니다.

· ·

제마이마 메이뱅크 Jemima Maybank

잉글랜드 리즈에 사는 일러스트레이터입니다. 영국의 여러 대성당에서 발견된 고대 정교회 성인들의 이콘(icon)을 무척 좋아합니다. 여가 시간에는 달리기를 좋아하고 수상가옥이 가라앉지 않게 애를 쓰고 있습니다.

옮긴이 **김선용**은 서울대학교 화학공학과와 침례신학대학원을 졸업하고 미국 맥코믹 신학교에서 신학 석사(M.A.T.S.) 학위를, 시카고 대학교 신학부에서 성서학 박사(Ph.D. in Biblical Studies) 학위를 받았습니다. 성서학 독립연구자로서 종교학, 인류학, 서양 고대 철학, 고전 수사학, 그리스-로마 종교, 고대 유대교 등 인접 인문학과 긴밀한 학제간 연구에 힘쓰고 있습니다. 지은 책으로 『갈라디아서』(비아토르)가 있으며, 옮긴 책으로 『N. T. 라이트 갈라디아서 주석』(복있는사람), 『초기 유대교』 『바울에 관한 새 관점』(감은사), 『역사적 그리스도와 신학적 예수』 『예수의 마지막 날들』(이상 비아) 등이 있습니다.

예수님이 살았던 세상

초판 발행	2024년 12월 20일
초판 2쇄	2025년 1월 20일
지 은 이	마크 올슨
그 린 이	제마이마 메이뱅크
옮 긴 이	김선용
펴 낸 이	정모세
펴 낸 곳	한국기독학생회출판부
등록번호	제2001-000198호(1978.6.1)
주 소	04031 서울시 마포구 동교로 156-10
대표 전화	(02)337-2257 팩스 (02)337-2258
영업 전화	(02)338-2282 팩스 080-915-1515
홈페이지	http://www.ivp.co.kr 이메일 ivp@ivp.co.kr
I S B N	978-89-328-2288-4

ⓒ 한국기독학생회출판부 2024

책값은 뒤표지에 있습니다.
무단 전재와 복제를 금합니다.